강직한 지식인, **인수대비**

강직한 지식인, 인수대비

1판 1쇄 인쇄 · 2017년 3월 10일
1판 1쇄 발행 · 2017년 3월 15일

지은이 · 이화형
펴낸이 · 한봉숙
펴낸곳 · 푸른사상

주간 · 맹문재 | 편집 · 지순이, 홍은표 | 교정 · 김수란
등록 · 1999년 7월 8일 제2-2876호
주소 · 경기도 파주시 회동길 337-16 푸른사상사
대표전화 · 031) 955-9111(2) | 팩시밀리 · 031) 955-9114
이메일 · prun21c@hanmail.net / prunsasang@naver.com
홈페이지 · http://www.prun21c.com

ISBN 979-11-308-1078-2 04080
ISBN 979-11-308-1075-1 04080 (세트)

값 12,000원

이 도서의 국립중앙도서관 출판예정도서목록(CIP)은 서지정보유통지원시스템
홈페이지(http://seoji.nl.go.kr)와 국가자료공동목록시스템(http://www.nl.go.kr/
kolisnet)에서 이용하실 수 있습니다.(CIP제어번호: CIP2017003010)

지식에세이

2

이화형

강직한 지식인, 인수대비

푸른사상
PRUNSASANG

책을 내면서

　나는 할아버지 할머니를 뵌 적이 없다. 두 분 다 내가 태어나기 전에 일찍 돌아가셨기 때문이다. 그래서인지 자연스레 친가보다는 외가와 가깝게 지내게 되었다. 그런데 어린 시절의 내가 외가에서 늘 이상하게 생각한 것은 외삼촌들은 모두 고학력에 사회에서 전문직으로 활동하는 분들임에 비해서 이모와 어머니 두 분만 유독 평범한 주부로 사는 것이었다. 또 하나 의아했던 것은 외할머니가 두 분이나 계셨던 점이다. 두 분은 마치 자매처럼 사이좋게 지내고 계셨는데, 나중에 알고 보니 큰할머니는 어머니와 외삼촌들을 낳으신 본처였고 작은할머니는 외할아버지의 첩이었다.

　미처 문제로 인식하기도 전 어릴 때 경험한 일들이나 철들면서 의아하게 느꼈던 주변의 미묘한 인간사들이 내 안의 일부

를 채우기 시작했다. 더구나 개방적인 사회에서 여성의 역할이
활발함에도 불구하고 충분히 보상받지 못하고 있다는 생각은
나의 관심을 여성 쪽으로 이끌었다. 그리고 오늘날 마주하게 되
는 많은 의문들이 보태져 여성을 공부하는 데 토대로 작용했고
그것을 바탕으로 이 땅의 여성들의 삶과 위상에 대한 지속적인
연구를 해왔다.

한국연구재단의 지원으로 수년간 프로젝트를 진행한 결과
물인『한국 근대여성들의 일상문화』(전 9권, 2004)와『한국 현대
여성들의 일상문화』(전 8권, 2005)를 출간한 것은 여성문화 연
구자들에게 방대한 자료와 연구방법론을 제공한 뜻깊은 일이었
다. 그 이후『뜻은 하늘에 몸은 땅에―세상에 맞서 살았던 멋진
여성들』도 저술했고, 최근에는『여성, 역사 속의 주체적인 삶』을
출간했다. 특히 이 책의 독창성은 인문학자의 일관된 시각으로
여성에 관한 다양한 영역을 다룬 여성사라는 점과, 시대를 달리
하는 여성들을 '주체'라는 하나의 일관된 주제를 가지고 저술했
다는 점이다.

이제 학술저서의 한계를 벗어나 누구나 가까이에 두고 읽을 수 있는 책이 필요하다는 인식 아래 한국 여성의 삶과 문화를 아홉 권으로 풀어 쓰고 함께 나누고자 한다. 이 이 아홉 권의 책은 전통여성(3권), 기생(3권), 신여성(3권)으로 분류하고, 각각의 첫째 1권에서 여성의 교육, 성과 사랑, 일이라는 큰 주제를 잡아 총체적인 틀을 세웠다.

교육은 가정에서든 기관에서든 사람을 변화시켜 인간답게 만들어준다. 어린이의 몽매함을 깨우쳐주고 젊은이의 미숙함을 성숙시키며 나이 든 사람을 지혜롭게 변모시켜주는 게 바로 교육의 힘이다. 성은 인간의 자유를 확인하게 하는 중요한 잣대이다. 윤리적 질서 안에서나마 성적 자유를 시도하거나 제도를 벗어나는 일탈도 끊임없이 일어날 수 있다. 일이 없다면 개인은 물론 사회도 불행해질 것이다. 자신의 일터에서 능력을 발휘할 때 스스로 존재감을 느끼면서 가정과 사회 발전의 밑거름이 될 수 있다. 한국 여성들의 상당수는 부족하나마 교육에 의해 각성되고 감성에 의해 개인적 자유를 누리고자 하며 이성에 의해 공동체적 책무를 다하는 주체적 인간이 되고자 노력했다.

이상의 거시적인 총론 다음으로는 몇몇 여성들의 삶을 각론(각 2권씩)으로 다룰 것이다. 전통여성 중에서는 인수대비와 신사임당을, 기생으로는 황진이와 이매창을, 신여성으로는 나혜석과 김일엽을 대표적인 여성으로 택하여 세상에 맞서 당당하게 살아갔던 여성들의 삶에 관심을 가져보려 한다.

이 여성 에세이가 이 시대를 힘들게 살아가고 있는 많은 독자들에게 '한국 여성'에 대해 관심을 갖게 하고 올바로 이해하면서 조금이나마 삶의 힘을 얻는 기회가 되었으면 한다.

2017년 2월, 봄을 기다리며

이 화 형

차례

강직한 지식인, 인수대비

프롤로그

우리가 중국의 수도 북경을 패키지로 여행하게 되면 으레 가는 곳이 '명십삼릉'이다. 처음에는 거기가 어느 곳인지도 잘 모르다가 알게 된 사실은 가히 경이적이었다. 조선의 인수대비 한씨의 고모가 그 유명한 곳에 묻혀 있었기 때문이다. 한중관계가 역사적으로 가깝다는 말이 허투루 하는 말이 아니라는 것을 새삼 실감하게 된다.

명나라 열여섯 명의 황제 가운데 열세 명의 무덤이 북경 외곽 천수산 아래 모여 있고, 그 십삼릉 가운데 맨 먼저 만들어지고 가장 큰 것이 바로 제3대 황제인 태종(영락제)이 묻혀 있는 장릉(長陵)이다. 태조 주원장의 넷째 아들 영락제는 조선의 여인을 무척 좋아한 것으로도 알려졌는데, 조선 태종 17년(1417)

공녀로 끌려갔다가 영락제의 후궁(여비 한씨)이 된 조선의 고위 관료 한확의 누나, 즉 인수대비의 고모가 그곳에 같이 장사된 것이다. 여비는 자못 용모가 아름다워 황제가 아끼고 사랑했다.

세종실록에서는 장릉에 후궁 30여 명이 순장되었다고 기록하고 있다. 당시 명나라에서는 황제가 죽으면 가까이서 모시던 궁녀들을 함께 묻었다. 궁중엔 동양 각국에서 온 수많은 궁녀들이 있었는데, 비밀을 누설할까 봐 이들을 함께 묻었다는 것이다. 한씨의 일생은 약소국의 비애를 적나라하게 보여 준다. 양반 가문의 딸로 태어나 잘 살 수도 있었을 텐데,* 조국의 힘이 약해 외국으로 끌려갔다가 천수를 다하지 못하고 사라졌던 여성들의 아픔을 절실히 느끼게 된다.

얼마 전에는 인수대비의 아버지 한확이 잠들어 있다는 곳을 찾아가보았다. 가족들과 같이 정약용 유적지를 다 둘러본 뒤 집으로 돌아오기 위해 그 지역을 벗어나려는데 눈앞 표지판에 한확의 무덤이 나타났다. 그냥 돌아오기 못내 아쉬웠던 터에 홀로 기쁘기 그지없었다. 가까이 큰 도로 옆에 우뚝 자리 잡고 있는 커다란 봉분이 더욱 외롭게 느껴졌다. 세조가 준비해놓았던 왕릉을 갑자기 죽은 한확에게 하사하는 바람에 정약용 유적지

---

* 고려 때와 달리 조선 초기에는 황제의 요청에 의해 사대부 가문의 처녀들이 공녀로 끌려갔다.

로 유명한 그 마을의 주소가 '능내리'가 되었다는 것을 아는 사람은 거의 없을 듯했다. 왕릉 같은 무덤을 잠깐 살펴보고 돌아서는데 말 없는 무덤이 참으로 쓸쓸해 보였다. 인수대비에 대한 나의 관심은 이렇듯 한중의 관계와 더불어 역사 속으로 빠져들면서 복잡한 감회에 젖게 되었다.

'인수대비'라는 말만 나오면 며느리를 죽인 포악한 시어머니라 욕하고, 그녀가 지은 『내훈』도 여성 억압을 이끌어간 책이라고 평가하는 경우가 있다. 과연 이 태도가 옳은 것인지 다시 생각해보아야 한다. 둘 다 상당히 감성적인 접근에서 나온 발언이며 결국 실상을 벗어난 오해라고 할 수 있다. 어느 쪽으로든 한쪽으로 치우치는 극단에는 진정한 의미의 진리가 있을 수 없다. 우리가 '중용'이니 '중도'니 하는 것을 가장 귀한 가치의 하나로 여기며 대상을 균형 있게 보려고 하는 이유도 여기에 있다.

역사가 가르쳐주는 교훈은 엄정하며 우리는 체험으로 절실히 깨닫고 있다. 모르면 불행해지고 힘이 없으면 당하게 된다. 아는 만큼 행복해질 수 있고 힘이 있어야 좋은 일도 할 수 있다. 인수대비 한씨는 조선 초 덕종의 아내요 성종의 어머니이며 세조의 며느리에 그치지 않는다. 그녀는 한국 여성사에 있어 최초로 책을 낼 만큼 학식이 풍부한 지식인이었고 세조, 예종,

성종, 연산군 등 4대에 걸쳐 정치력을 발휘했던 존재라는 사실을 간과할 수 없다. 한편 우리 왕실사에서 가장 비극적인 일 중의 하나가 될 수 있는 것이 폐비 윤씨 사건일 텐데 이 중심에 바로 인수대비가 있다는 점을 생각하면 그녀에 대한 판단은 사뭇 달라진다. 연산군의 광기 어린 만행도 인수대비에게 일정 부분 책임이 있을 것이기 때문이다. 농담이라고는 하나 시부모로부터 포악한 며느리라는 '폭빈' 소리를 들었던 인수대비야말로 한국 여성사에서 참으로 역동적인 인물이 아니겠는가.

인수대비와 관련된 삶과 시대가 사극에서 많이 다루어지는 것도 그만큼 드라마틱하기 때문일 것이다. 인수대비의 예사롭지 않은 출생에서부터 이야기를 시작하여 조선 초 격동의 시기를 도도하게 살아냈던 인생 역정을 새롭게 자세히 살펴보는 것은 유익한 일이다. 무엇보다 조선 개국 후 국가의 체재와 국정의 기조가 안정되기까지 겪게 되는 정치사적 변동과 흐름 속에서 인수대비가 어떻게 처신하며 그 결과가 어떻게 나타났는가 등을 냉정하게 고찰해볼 필요가 있다.

인수대비가 지은 『내훈』이 중요한 것도 그럴 만한 근거가 충분하다. 『내훈』에는 인수대비의 학문과 지식이 오롯이 압축되어 있고 그녀의 정치적 관심과 입장이 분명히 들어 있다. 인수대비를 젊은 시절부터 모셨던 상궁 조씨가 "나라와 집안을 빛나게 한 왕비들은 많았지만 훈계하는 책을 친히 편찬하여 후세에 가르침을 전하신 분은 드물다."(『내훈』 발문)고 말한 바 있다. 이처럼 세상의 여성들에게 가르쳐주고 싶어 했던 인수대비의 교육적 소신과 관점 등이 잘 드러나고 있는 교육서가 바로 『내훈』이다.

인수대비에 대해 정치와 교육을 떠나서는 상상할 수 없다. 그녀는 정치가 한확의 딸이요 그녀의 결혼은 정치적 목적에 따라 전략적으로 이루어졌으며 그녀의 삶의 과정은 정치사적 변동과 함께했다고 해도 과언이 아니다. 그녀의 죽음 또한 정치적 상황과 무관하지 않다. 또한 인수대비가 조선 최초로 전문 여성교육서를 냈다고 할 만큼 교육을 통해 무지한 조선 여성들을 깨우치고 싶어 한 여성교육의 선구자였던 점은 결코 소홀히 할 수 없는 사실이다. 이렇듯 정치와 교육은 그녀의 삶에서 차지하는 핵심 요소이다. 한국 여성사에서 이 분야와 관련 인수대비만큼 부합되는 인물도 흔치 않을 것이다.

이 책의 이름을 '인수대비'라 한 것은 68세에 생을 마감한 그녀의 삶에서 청상과부를 벗어나 새로운 단계로 진입하는 35세부터의 대비로서의 세월이 비중이 컸음을 고려했기 때문이다. 게다가 그녀가 실제로 왕비가 된 적이 없으므로 소혜왕후라는 시호를 쓰는 것보다는 생전의 존칭이었던 인수대비로 쓰는 것이 더 바람직하다고 판단했기 때문이다.

1
명문가에서 태어나다

인수대비(1437~1504)는 왕에 오르지 못하고 죽은 다음 추증된 덕종의 아내이자 성종의 어머니이며 세조의 며느리이다. 무엇보다 그녀는 조선 제일의 명문가 출신으로서 세종 때부터 중국과의 외교를 책임지며 국가에 봉사하는 가운데 세조 때 정승을 지낸 청주 한씨 한확(1403~1456)의 딸이다.

일찍이 1세 조상 한난은 고려 태조를 도와 삼한공신에 봉해졌으며 그 뒤 대대로 뛰어난 인물들이 나왔다. 고려 말에 이르러 한강은 과거에 급제하여 고종과 충렬왕을 섬기고 찬성사로 마쳤으며, 그의 손자 한악은 충선왕을 따라 원에 들어가 어려운 처지에 놓인 왕을 잘 보호하여 공신에 책봉되고 상당부원군에 봉해졌다. 그의 아들 한방신은 한확의 증조부인데 그는 수

문전 태학사로서 공민왕 때 홍건적을 섬멸하여 일등공신에 책훈되고 서원군에 봉해졌다. 한확의 조부는 한녕인데 벼슬에 뜻이 없었고 병조판서에 추증되었다.

인수대비의 아버지 한확의 부친 한영정은 순창군사로 세상을 떠난 뒤 영의정부사로 추증되었고, 한확의 모친은 정경부인 김씨로 좌명공신 승녕부사 양소공 김영렬의 딸이다. 한확의 아버지 한영정과 어머니 김씨 슬하에는 아들 셋, 딸 둘이 있었는데 한확은 5남매 중 둘째였다. 5남매는 인물이 출중했는데 실록에서는 간이재 한확을 풍채가 아름답고 몸매가 늘씬하다고까지 표현하고 있다. 한확은 중국 황실에 들어간 두 누이로부터 나오는 막강한 위세 속에서 살다 간 인물로 딸 인수대비의 삶에 가장 든든한 힘의 배경이 되었다.

인수대비의 어머니는 고려조 대대로 재상이 나온 집안 출신에 개국공신인 남양군 홍길민의 손녀요, 이조판서를 지낸 홍여방(?~1438)의 딸로 남편보다 네 살 아래였다. 어머니 홍씨 부인의 신도비에는 한확이 젊었을 때 명나라의 광록시소경이 되어 수시로 황제의 부름을 받고 북경에 오래 머물렀지만 자녀들 교육을 책임지면서 알차게 가정살림을 꾸려나갔던 부인이 있었기에 가능했다고 적혀 있다. 인수대비가 조선 여성 중 최초로 저서를 냈다고 할 만큼 학문이 깊고 지식이 풍부했던 것도 지혜롭고 의지적인 어머니의 영향이라 할 수 있다. 인수대비의 엄격한 성격도 어머니로부터 물려받은 것으로 보는데, 어머니 홍씨는 어려서부터 유교윤리에 밝고 예의를 실천하고자 하는 정신이 강했기 때문이다. 인수대비가 겨우 13세가 되던 문종 즉위년(1450) 향년 47세로 남편(당시 51세)보다 먼저 홍씨 부인은 세상을 떠났다. 어머니를 잃은 어린 딸은 아픔을 이겨내면서 점점 어머니를 닮아갔다. 홍씨의 묘는 경기도 양주시 은현면 용암리에 있는데, 인수대비는 연산군 3년(1497) 어머니의 신도비를 세웠다. 우리 역사상 여성 신도비로는 유일하다.

인수대비는 세종 19년(1437) 9월 8일에 한확과 남양 홍씨 슬하의 9남매 중 일곱째로 태어났다. 맨 위 큰오빠 밑으로 언니만 다섯이었으며 남동생 둘이 있었다. 장남인 한치인(1421~1477)은 숭정대부 판돈녕부사 서성군이고, 차남인 한치의(1440~1473)는 자헌대부 병조판서 청양군이고, 셋째 한치례(1441~1499)는 무과에 급제하여 숭정대부 판돈녕부사 겸 지훈련원사 오위도총부도총관 서릉군이다. 아들 3형제는 모두 성종즉위 후 순성좌리공신*이 되었고 자주 사신으로 북경에 다녀왔으며 당시 왕실 및 최고의 명문가와 혼인하였다. 장녀는 첨지중

---

* 좌리공신은 국가적 위기 극복의 공신과 달리 성종이 자신을 잘 보필하고 정치를 잘한 공으로 내린 칭호로 기존 공신보다 수가 많았다.

추부사 이계녕에게 시집갔고, 차녀는 왕자인 계양군 이증에게 시집갔고, 셋째는 현령 김자완에게 시집갔고, 넷째는 동지중추부사 최정에게 시집갔고, 다섯째는 사직 권집에게 시집갔으며, 여섯째인 막내가 바로 인수대비 한여진이었다.

위에서 언급한 인수대비 아버지의 형제자매인 3남 2녀 가운데 두 딸에 대해 특별히 살펴볼 필요가 있다. 당시 명의 황실에서는 조선 사대부 집안의 미모가 빼어난 처녀들을 공녀라는 이름으로 데려갔다. 한확의 누이들도 외모가 특출하여 멀리 명나라 조정에까지 소문이 나 있었다.

한확의 누나 한규란도 태종 17년(1417)에 공녀로 북경에 끌려갔다가 제3대 황제인 성조(영락제)의 후궁이 되어 여비, 즉 공헌현비에 봉해졌다. 조선에서 1400년 2차 왕자의 난으로 태종이 즉위하던 시절, 중국에서는 명 태조 주원장(홍무제, 1328~1398)이 죽고 그 뒤를 16세의 손자 주윤문(혜제, 1377~1402)이 이었으나 연왕인 주체(영락제)가 새로운 황제로 등극했다. 숙부가 조카를 밀어내고 황위에 오른 것이다. 실록(태종 17년 12월 20일)에 의하면 궁녀였던 조선의 한씨를 총애한 영락제는 조선으로 귀국하는 사신에게 "한씨 여아는 대단히 총명하고 영리하다. 네가 돌아가거든 국왕에게 자세히 말하라."라고 했을 정도였다. 영락제는 한씨의 미모와 인품 모두에 반한 것으로 보인다.

그러나 세종 6년(1424) 영락제는 북경 북쪽에서 몽골의 침입을 막기 위해 진군하던 중 과로로 세상을 떠났다. 자금성에서 영락제의 사망 소식을 듣고 슬픔에 빠져 있던 여비 한씨는 결국 목매 죽어 지아비와 함께 순장되었다. 18세의 어린 나이에 끌려간 지 겨우 7년 만의 일로 한씨는 아직도 20대 중반의 나이였다. 비록 용모가 아름답고 지혜로워 황제로부터 전폭적으로 사랑을 받았으나 고국을 떠나 멀고 낯선 곳에서 생을 마감해야 했으니 안타깝기 그지없다. 북경 교외 장릉에는 여비 한씨가 영락제와 함께 묻혀 있다.

여비가 죽음으로써 한확과 명나라의 인연은 끊어진 것으로 보였다. 그러나 한확에게는 일곱 살 아래의 여동생 하나가 더 있었는데 그 누이는 영락제가 끔찍하게 아끼는 손자이자 제5대 황제인 선덕제(1398~1435)의 후궁으로 선발 공신부인에 책봉되었다. 세종실록에 의하면 그녀도 언니 못지않게 미모가 뛰어났고 일찍이 그 소문이 명나라 황실에 전해졌다. 더구나 선덕제가 공신부인을 후궁으로 맞이하는 데는 그녀의 언니인 공헌현비의 절개를 높이 샀기 때문이기도 할 것이다. 실록(세종 17년 7월 20일)에 따르면 국익과 실리를 중시하던 한확은 비정하게 여동생도 명 황실에 들여보낼 생각이었으며, 한확이 벼슬을 얻고 대명 외교 채널이 된 것도 황제의 후궁이 된 그의 누이들 덕이라고 볼 수 있다.

실록(세종 10년 10월 4일)에서는 한확의 여동생 한계란이 세종 10년(1428) 공녀로 뽑혀 오빠 한확과 함께 조선을 떠날 때의 모습에 대해 "'언니가 영락제의 후궁이 되었다가 순장당한 것만도 애석한 일이었는데, 이제 또 가는구나.' 하고, 눈물을 흘리는 자도 있었으며, 이때 사람들이 이를 생송장이라 하였다." 고 적고 있다. 그러나 중국에 끌려간 그녀는 비록 선덕제의 자녀를 낳지는 못했지만 황제의 사랑을 독차지하다시피 하였다. 그만큼 미모와 지혜가 뛰어났다. 더구나 그녀는 훗날 성화제가 되는 선덕제의 큰손자를 맡아 길렀기 때문에 황실에서의 그녀의 영향력은 언니 때보다도 더 컸다. 한확이 북경에 있을 때는 황제와 궁중에서 식사를 함께 할 정도였다.

17세 때 북경에 들어간 공신부인 한씨는 명나라 4대 조정을 지키면서 죽는 순간까지 조선과 명의 관계를 돈독하게 하였다. 그녀는 공녀로 끌려간 처녀 가운데 가장 장수하여 1483년 5월 18일 74세로 세상을 떠났다. 오빠 한확보다 27년을 더 살았다. 명나라는 그녀의 공적을 높이 평가하여 공신부인이라는 시호를 내리고 후하게 장례를 치러주었다. 그녀는 생전에 아름답고 온화한 성품이었기 때문에 자금성 내의 '여사(女師)'로 존경

받았다. 공신부인 한씨의 무덤은 황실 별궁이 있던 북경의 향산(香山)에 있다. 비문에는 "본래 조선에서 태어나서 중국으로 출가하여(生乎東國 進乎中原) 공손하게 조정에 봉사하고 향산에 묻혔으니(恭事天府 埋玉香山) 부인으로 추증되고 아름다운 시호가 내려졌네(夫人之贈 美諡之頒)"라고 행적이 기록되어 있다.

겨우 15세의 한확은 일찍이 진헌부사로 선발되어 태종 17년(1417) 중국 황실로 들어가는 18세의 손윗누이를 호송하였다. 그리고 실록(세종 17년 7월 20일)에 의하면 누나가 황제의 여비로 책봉되고 총애를 받았으므로 한확은 태종 18년(1418) 16세 나이로 영락제로부터 광록시소경이라는 벼슬을 하사받았다. 황제는 한확을 차관급에 해당하는 광록시소경에 임명하는 배경을 다음과 같이 설명했다.

짐이 생각건대, 여러 벼슬 중에 광록이 매우 중요하니 덕행이 두드러지게 드러난 자가 아니면 이 직책을 맡을 수 없고, 능력이 탁월하거나 특별한 자가 아니면 이 관직에 나올 수 없으니, 어찌 개인의 영광스러운 벼슬만 되겠는가. ……경은 독실한 자질을 타고났고 성실한 뜻을 품어서 재주가 무성히 드러났으며 실로 나의 친척이기에 이 벼슬을 특별히 내려준다. 더욱 부지런히 힘써서 삼가 명령을 받들어 공경할지어다.

이같이 한확은 남달리 중국 황제로부터 융숭한 대우를 받았다. 국왕이 책봉되면 명의 승인을 받는 것이 관례이던 국가의 입장에서 조선인이 명나라 벼슬에 제수된 것은 크나큰 영예였다. 실제로 양국 간 문제가 발생하면 한확을 불러 해결할 만큼 그의 역할은 중요했고, 그의 지위 또한 보통이 아니었다. 심지어 영락제가 한확에게 태자인 인종(1378~1425)의 딸을 주려 했을 정도로 황제의 신임이 두터웠다. 잘생긴 한확을 보고 호감을 가진 황제가 자신의 손녀와 결혼할 것을 제의했는데, 한확의 신도비에서 영락제는 한확을 손녀의 배필로 삼으려 했다고 적고 있다. 물론 한확은 고향에 노모가 있다는 핑계로 황제의 제의를 거절했지만 황제와 손녀는 계속하여 그를 불러들였다.

　　태종 18년(1418) 태종이 아들 세종에게 양위했을 때 영락제는 한확을 칙사로 발탁하여 임명장인 고명을 갖고 가도록 했다. 당시 외교관계상 제후는 천자의 궁궐에 가서 책봉례를 거쳐야 지위를 인정받을 수 있었다. 그러나 단 한 번도 우리 왕이 직접 중국에 간 적이 없었으므로 대신 천자가 사신을 통해 고명을 보내주는 방식을 택했다. 명의 사신 맞는 일을 골칫거리로 여기고 있는 때라 명나라 정사가 된 한확의 위상은 조선의 국왕과도 맞먹을 정도였다. '장자승계의 원칙'을 깨고 왕위에 오른 세종은 임명장을 받아온 한확의 은혜를 잊을 수 없었다. 세종 2년

(1420)엔 흉작으로 명나라에 바칠 공물의 부담이 컸는데, 한확은 다시 명에 가서 공물 면제를 요청하여 허락을 받고 돌아왔다. 이처럼 한확은 양국 간의 어려운 외교문제를 척척 풀어내는 해결사 역할을 톡톡히 해냈다. 당시 젊은 나이로 신분이 귀해진 한확이 본국에 돌아올 때면 온 나라의 신하와 백성들이 모두 그의 풍채를 바라보려 했다.

세종은 한확의 자질과 능력을 알고 지속적으로 관직에 임명하였다. 세종 17년(1435)에 중추원부사, 1439년에 경기도관찰사, 그 이듬해에는 병조판서, 1443년에는 한성부윤에 제수되어 한확은 소임을 다했다. 1445년에 이조판서로서 인사 문제를 공정하게 처리하여 좋은 평판을 받았다. 1446년에는 숭정대부로 승진하여 판중추원사가 되었는데, 세종이 그를 불러, "지금 평안도가 몹시 취약한데 경이 아니고서는 안정시킬 만한 사람이 없소."라고 당부하고는 평안도관찰사, 평양부윤, 도병마절제사를 겸임시켰다. 문무의 책임을 한 몸에 진 그는 최선을 다해 군사와 백성들을 구제하여 관서 사람들이 그를 부모처럼 사모했다.

문종 2년(1452)에 한확은 좌찬성이 되었는데, 당시 어린 단종이 보위에 올라 대신들에 의해 국정이 좌우되자 위기의식을 갖고 엄정한 태도로 막아내려 하여 사람들로부터 신망을 언었다. 세조가 잠저에 있을 때부터 그의 올곧음을 알고 접근하여 마침내 계유정난에도 큰 도움을 받았다. 당시 세조가 모든 일을 총괄하면서도 그를 끌어들여 함께 지내고자 할 만큼 한확에 의지하는 정도가 보통이 아니었다. 한확은 단종 3년(1455)에 좌의정으로 승진하였다. 그는 늘 사람을 대하면 올바르게 처신했고 모든 일을 결단력 있게 처리하였다. 옥사에서는 너그럽게 용서하려 했고 절대 죄 없는 사람의 목숨을 앗아서는 안 된다는 소신을 지니기도 했다.

세조 2년(1456)에 세조는 자신의 왕위 계승의 정당성을 설득하러 떠나는 한확을 불러 이르기를, "공이 돌아올 때에는 내가 교외에 나가 맞이하여 경과 더불어 한번 취하도록 마시고 싶다."고 했다. 그가 감사한 뜻으로, "신이 노쇠하여 다시 전하를 보지 못하게 될까 걱정스럽습니다."라고 하였으므로 세조가 진정으로 위로하고 안심시켰다. 그런데 한확은 4월 27일 한양을 출발하여 책임을 다하고 돌아오는 길에 만주의 칠가령에 이르러 갑자기 병이 나서 사하포의 여관에서 죽고 말았다. 당시 그의 나이는 57세였다. 실록(세조 12년)에서는 그 경위를 간단히 적고 있다.

고명 사은사로 명나라 조정에 갔다가 돌아오는 길에 칠가령에 이르러 병을 얻어 가사에 대하여 한 말도 하지 않고 사하포에서 죽었다. 부음이 들리자 임금이 놀라고 슬퍼하여 예관을 보내어 압록강 위에서 널을 맞고 도승지 한명회에게 명하여 장사를 호송케 하였다.

　세조 2년(1456) 9월 11일 한확이 임무를 마치고 돌아오다 과로로 세상을 떠났다. 죽기 전에 부사가 관속들을 데리고 방에 들어가 문병을 하고 뒷일에 대하여 묻자, 한확은 사적인 일에 대해서는 한마디도 언급하지 않았다. 타계 소식을 듣고 몹시 놀란 세조는 급히 관리를 보내어 시신을 국내로 운구케 하며 도승지 한명회(1415~1487)에게 명하여 그 장지를 골라잡고 관청으로 하여금 상사를 도와주도록 했다. 무엇보다 왕실에서 준비해둔 무덤을 한확의 묘소로 하사하여 이듬해 세조 3년(1457) 정월에 경기도 남양주시 조안면 능내리에 장사지냈으며, 양절이라는 시호를 내려주었다. 지금까지 마을 이름이 '능안', 또는 '능내리'라 불리고 있는 것은 왕릉 같은 한확의 묘가 있기 때문이다.
　한확은 타고난 인품이 엄정하고 사심이 적으면서 도량이 넓었다. 두루 화목하게 지냈으며 아우들인 한진과 한질이 일찍 죽자 그 자녀들을 자기 자식처럼 보살폈다. 비록 부귀에 이르렀으나 겸손하게 몸을 낮추었고 사람을 대함에 있어 온화함이 풍겼다. 일을 행할 때는 단호하였으며 수많은 관직을 수행하면서 국가에 절의를 다 바쳤다. 누이들을 명 황실에 들여보낸 것이 개인적 욕심만이 아니라 국가적 소명에 따른 불가피한 선택으로도 보는 이유가 여기에 있다. 중국 황제가 보배로 여기던 한확의 시신이 만주 벌판의 요양(遼陽) 지역을 지나올 때는 제물을 장만하여 애도하는 뜻을 표하지 않는 지방관이 없었고 모두 탄식하기를, "한광록께서 돌아가셨구나."라고 하였으며, 마부 같은 하인들까지도 애석하게 여기지 않는 자가 없었다.

친정어머니도 없는 막내딸 인수대비(당시는 세자빈이었음)에게 친정아버지의 죽음은 엄청난 슬픔이었을 것이다. 그러나 아버지가 세상을 떠났어도 인수대비 한씨에게 현실적으로 큰 지장은 없었다. 세조를 왕으로 인정하는 명나라의 고명을 이미 받은 후 하직했기 때문이다.

조선시대에 27명의 왕과 5명의 추존왕이 배출한 왕비는 모두 39명이다. 왕비를 배출한 가문으로는 청주 한씨가 5명으로 가장 많다. 한확의 딸 소혜왕후(덕종의 비)를 비롯하여 한명회의 딸 장순왕후(예종의 비)와 공혜왕후(성종의 비), 한백륜의 딸 안순왕후(예종의 계비), 한준겸의 딸 인열왕후(인조의 비)인데 한명회의 경우 두 딸을 왕비로 들이는 영예를 누렸다. 더구나 인열왕후를 뺀 네 명의 왕비는 서로 혼맥을 형성하고 있다. 이것만으로도 인수대비의 가문은 예사롭지 않다.

세조대는 청주 한씨가 왕실 외척으로서 권력의 핵심에 있었다. 물론 청주 한씨가 비약적으로 성장하게 된 것은 한확과 한명회가 앞장서 세조의 등극을 주도하면서부터다. 특히 세조의 사돈인 한확을 중심으로 청주 한씨들이 대거 공신에 책봉되고 세조의 왕권 강화에 적극적으로 참여하면서 가문이 크게 성장하였다.

2
세자빈이 되다

　당대 조선과 중국의 관계를 생각할 때 최고의 중국통이었던 한확은 수양대군에게 반드시 필요한 인물이었다. 수양대군은 한확을 통해 중국과의 관계를 원만히 함으로써 자신의 야심 찬 의도를 풀어갈 수 있다는 속셈을 가지고 부지런히 그에게 접근했다. 그리하여 마침내 한확의 딸을 자신의 며느리로 들이는 데 성공하게 되었다. 한확의 막내(여섯째)딸이 세종 27년(1445) 도원군에 봉해진 세조의 장남 이장(1438~1457)과 혼인하여 군부인이 되었다. 인수대비 한씨의 혼인 날짜는 정확하지 않다. 다만 1451년 말에서 1452년 초로 추정할 뿐이다. 1451년이면 한씨는 15세이고 이장은 14세였다. 한씨는 단종 2년(1454)에 첫아들(훗날 월산대군이 되었음)을 낳았다. 한씨와 남편과의 사이

는 좋았다고 한다. 세조 즉위해인 1455년 남편 도원군이 세자로 책봉되면서 한씨는 세자빈이 되었다.

드디어 수양대군에게 기다리던 시간이 다가오고 있었다. 무려 29년이나 왕세자 수업을 하고 1450년 37세에 즉위한 형 문종(1414~1452)이 일찍 죽자 절호의 기회를 맞게 되었다. 문종은 조선왕조가 시작된 뒤 5대 59년 만에 왕위 계승이 정상 궤도에 접어드는, 이른바 적장자로 왕위를 이은 첫 국왕이었다. 눈부신 업적을 남긴 세종의 뒤를 이어 문종은 과학기구를 발명하고 역사서를 편찬하며 군사제도를 개편하고 편찬 사업을 활발히 전개하는 등 출중한 능력을 드러냄으로써 조선의 앞날은 밝아 보였다. 그러나 건강이 문제였다. 타고난 체질이 약한 데다가 어머니 소헌왕후 심씨(1395~1446)와 아버지 세종의 삼년상을 잇따라 치르면서 건강이 악화되어 왕위에 오른 지 2년 3개월 만에 39세의 젊은 나이로 생을 마감한 것이다. 물론 문종은 평소에 박팽년, 신숙주 등 집현전 학자들과 가까이 지내면서 어린 아들을 특별히 부탁은 했었다. 세자의 나이 겨우 열두 살, 건국 60년 만에 조선 왕실은 권력 공백의 사태를 맞았다. 12세의 단종이 즉위하는 1452년 수양대군은 한확을 만나 상의한 후 황제에게 조선 왕의 즉위를 승인받기 위해 떠나는 고명사은사를 자청하여 명나라로 갔다. 임금이 되기 전에 명나라에 자신을 선

보여야겠다는 치밀한 포석이요 반대 세력의 견제를 덜고자 하는 전략적 의도였을 것이다.

단종(1441~1457)의 휘*는 홍위로 문종과 현덕왕후 권씨(1418~1441) 사이에서 태어났다. 선왕 문종의 세자 시절에는 휘빈 김씨와 순빈 봉씨, 그리고 현덕왕후가 되는 권씨 등 세 명의 세자빈이 있었다. 휘빈과 순빈은 문종과의 불화, 음행 등의 이유로 폐출되었고, 문종은 당시 후궁으로 있던 권씨와 스물세 살에 정식으로 결혼을 했다. 그러나 불행하게도 권씨는 세종 23년(1441) 원손 단종을 출산한 지 하루 만에 출산후유증으로 숨을 거두고 말았다. 세자빈 권씨의 죽음은 왕실에 불어 닥칠 피바람을 예고하고 있었다. 다른 왕비를 맞아야 하는 문종은 계비를 들이지 않음으로써 조선 역사상 처음으로 재위 기간 중 왕비가 없는 군주가 되었고, 그 후 단종은 혼자 왕 역할을 수행해나가야 했다. 만일 단종의 어머니인 현덕왕후가 살아 있었다면 대비로서 어린 단종의 든든한 배후자가 됐을 것이고 대신들에게 권력이 집중되지 않아 계유정난도 일어나지 않았을지도 모른다. 분명 현덕왕후의 죽음은 조선 역사의 흐름을 바꿔놓았다고 볼 수 있다. 단종은 세종 30년(1448) 왕세손에 책봉되었고 2년

---

*   죽은 사람을 공경해 그의 생전에 부르지 않던 이름이라는 뜻이다.

후 문종이 즉위하자 세자에 책봉된 뒤 다시 2년 후인 1452년 왕위에 올랐다. 단종의 비는 돈녕부판사 송현수의 딸인 정순왕후(1745~1805)이다.

단종 즉위 1년 후인 1453년 10월 10일 수양대군과 그 일파는 권력의 핵심인 김종서(1383~1453)와 안평대군(1418~1453) 등을 제거하는 계유정난을 일으켰다. 좌의정 김종서를 비롯하여 황보인, 조극관, 이양, 민신 등 단종을 떠받들고 있던 고명대신(선왕의 유언을 받드는 신하)들을 살해하여 저자거리에 효수하고 안평대군을 강화도에 귀양 보냄으로써 순식간에 실권을 장악하게 되었다. 그리고 다음 날인 10월 11일 수양대군은 자신의 측근인 정인지, 정창손, 신숙주, 이계전, 허후, 홍달손 등을 요직에 두루 배치했다. 비로소 수양대군은 정치적 숙원인 왕위에 오를 수 있는 발판을 마련하였다. 지금까지 영화 〈관상〉이나 드라마 〈공주의 남자〉 등으로 재현될 만큼 우리의 관심에서 떠나지 않고 있는 계유정난의 발단은 1453년 9월 25일 수양대군의 측근인 권람(1416~1465)*의 노비인 계수의 고발이었다. 그의 말에 따르면 김종서, 황보인(?~1453) 등이 국왕을 폐위시키

* 계유정난 때 정난공신 1등, 세조 즉위 후 좌익공신 1등이 되는 등 당시 엄청난 권세가였다. 1468년 27세에 병조판서가 된 남이 장군이 그의 사위이다. 남이는 병조판서를 최연소로 역임한 인물이다.

고 안평대군을 옹립하려 한다는 말을 들었다는 것이다. 실록에는 안평대군이 10월 20일 전후로 거사를 일으키려는 움직임이 있어 이를 막기 위해 일종의 역쿠데타를 일으켰다는 식으로 기술되어 있다.

사실 단종이 보위에 오르자 조정의 실권은 세종이 총애하던 김종서, 황보인 등의 손아귀에 있었다. 그들은 어린 단종을 보호할 목적으로 인사 청탁을 금지하는 분경금지법을 만들어 종친들의 권력을 견제하고자 했다. 이에 수양대군은 크게 격분했고, 그가 늘 한나라 고조 유방의 공신이었던 장자방(?~BC 186)에 비유하던 전략가 한명회(1415~1487)는 비상대책을 제시했다. 이른바 조정의 훈구대신들을 일거에 쓸어내는 쿠데타 계획이 바로 계유정난이었다. 성삼문, 최항, 정인지 등의 집현전 학자들 상당수도 김종서나 황보인 같은 대신들을 견제하기 위해 계유정난에 참여했었다. 계획은 거의 그대로 실행되었다. 계유정난을 통해 단종을 보필하던 중신들이 막강한 힘을 지닌 수양대군으로부터 죽임을 당함으로써 단종은 이름만 왕일 따름이었다. 계유정난이 일어난 지 2년 만인 단종 3년(1455) 6월에는 수양대군을 돕던 권람, 한명회 등의 강요에 의해 단종은 왕위를 수양대군에게 물려주고 상왕으로 물러나게 되었다. 드디어 39세의 수양대군은 근정전에서 즉위식을 갖고 조선 7대 왕

(세조)이 되었다.

　그러나 이듬해 세조 2년(1456) 6월에는 단종의 복위를 도모하다가 발각되어 여섯 명의 신하가 처형되는 사건이 발생한다. 즉 성삼문(1418~1456)을 비롯한 이른바 사육신 등이 세조를 살해하고 단종의 복위를 꾀하려 했던 '병자옥사'가 일어났다. 물론 겁이 많은 김질(1422~1478)의 밀고로 불발되었고 세조가 관련자들을 직접 국문하며 인두로 지지는 잔인한 형벌을 가했다(『추강집』). 특히 박팽년(1417~1456)은 세조를 전하라 하지 않고 '나리'라 불렀으며 성삼문은 나리가 준 녹봉은 하나도 먹지 않고 쌓아놨다고 하여 세조의 화를 돋우기만 했다. 이로써 다음해인 1457년 6월 16세의 단종은 상왕에서 노산군으로 강봉되어 강원도 영월의 청령포로 유배되었다. 다음의 시는 한쪽으로 산이 가로막혀 있고 삼면으로 서강이 휘감아 도는 청령포에서 읊은 「영월군 누대에서 짓다(寧越郡樓作)」라는 작품이다.

한 마리 원망 어린 새가 궁궐을 나오니　　　　一自冤禽出帝宮
외로운 몸 그림자 푸른 산속에 있구나　　　　孤身隻影碧山中
밤마다 잠을 청하지만 잠은 오지 않고　　　　假眠夜夜眠無假
해마다 한을 삭여도 한은 다하지 않네　　　　窮恨年年恨不窮
소리는 새벽 봉우리에 끊기고 새벽달만 밝은데　聲斷曉岑殘月白
봄 계곡 핏빛 물에 떨어진 꽃잎 붉도다　　　　血流春谷落花紅

하늘은 귀머거리인 양 애절한 하소연 듣지 못하고　天聾尚未聞哀訴
어찌하여 근심 어린 사람 귀만 밝은가　　　　　何奈愁人耳獨聰

　단종은 날마다 청령포에 있는 노산대에 올랐다. 밤이면 사람을 시켜 피리를 불게 했는데 그 소리가 아주 멀리까지 날아갔다. 사방이 높은 산과 깊은 물로 에워싸인 한적한 곳에 떨어져 있는 자신의 처지는 외로운 둥지에 갇힌 새와 다름이 없다. 원한을 품은 고독한 자신의 모습을 위 시에서는 사실적으로 묘사하고 있다. 짙게 푸른 산속과 꽃잎 떨어진 핏빛 물결은 고립된 인간의 심사를 더욱 고조시킨다. 청각과 시각을 동원하며 자신의 억울하고 답답한 심정을 드러내고 싶어하는 간절함이 절실하다. 뒤쪽으로만 터져 뱃길이 닿아 있을 뿐 주위가 깎아지른 절벽과 봉우리로 된 청령포는 천험의 고도이다. 청령포에 유배되어 있던 수개월의 시기는 위와 같이 불안과 탄식의 세월이었다. 단종이 유배 생활을 하면서 지은 외롭고 슬픈 마음을 담은, "달 밝은 밤 소쩍새 슬피우니, 시름 못 잊어 자규루에 기대었네./네 울음소리 내 듣기 괴롭구나. 그 소리 없으면 내 시름도 없을 것을/세상에 괴로운 사람에게 내 마음을 전하노니, 춘삼월 자규루엔 오르지 마오."와 같은 시조도 있다.
　그런데 다시 수양대군의 동생이자 단종의 숙부인 금성대

군(1426~1457)이 경상도 순흥에서 단종 복위를 꾀하다 발각되어 죽게 되고, 이에 단종은 노산군에서 서인으로 강등되어 마침내 자살을 강요받기에 이른다. 야사 기록을 보면 금부도사 왕방연이 사약을 가지고 왔다고 하는데, 세조실록에는 노산군 스스로 목을 매어 죽으니 예로써 장사 지냈다고 되어 있다. 사실은 시신조차 제대로 수습되기 어려운 상황에 영월 호장이었던 엄흥도가 단종의 시신을 수습하고 무덤을 만들어 현재의 장릉으로 내려오고 있다. 유배된 지 4개월 만인 세조 3년(1457) 10월 24일 영월에서 단종은 17세로 생을 마쳤다. 그리하여 단종이 묻힌 장릉은 사대문 백 리 이내에 둔다는 왕릉 조성 관례를 벗어나 도성에서 가장 멀리 떨어진 곳에 있다. 단종이 유배지에서 운명하는 바람에 왕비 정순왕후의 무덤도 경기도 남양주시 진건읍에 사릉이라 하여 별도로 조성돼 있다.

아버지 세종과 어머니 소헌왕후 심씨의 둘째 아들로 태어난 세조(1417~1468)의 휘는 유이다. 세조는 윤번의 딸인 정희왕후(1418~1483)와 혼인하였다. 그 후 조카의 왕좌를 찬탈하는 것도 모자라 그를 죽이기까지 했다. 이로써 세조는 왕세자를 거치지 않고 등극한 첫 임금이 되었다. 쿠데타로 왕위에 오른 세조는 예견한 대로 처음부터 정통성 문제에 직면해야 했다. 이때 며느리 한씨가 있음은 다행이 아닐 수 없었다. 이미 계유정난에 사돈인 한확은 딸을 생각하며 수양대군 편에 섰다. 수양대군에게 가장 중요하고도 괴로운 것은 명나라 황제의 고명을 받는 일이었다. 비로소 한확의 도움을 제대로 받을 기회가 왔다. 그 이듬해 한확은 명으로 가서 세조 즉위는 찬탈이 아니라 양위임을 주장했다. 두 누이를 통해 중국 황실과 혼맥을 이루고 있는 터에 크게 문제될 것도 없었다. 한확이 없었다면 15세의 임금이 삼촌에게 스스로 자리를 넘겨주었다는 양위설은 설득력이 없는 일이다.

세조는 친동생인 안평대군과 금성대군까지 사약을 내려 죽이고, 아버지와 형이 부탁했던 조카마저 귀양 보냈다가 사약을 내려 제거해버렸다. 그는 등극을 위해 자신의 뜻에 반하는 세력은 가차 없이 숙청해나간 비정한 인물이었다. 그만큼 정권의 정통성 문제는 세조에겐 아킬레스건과 같았다. 다음의 「후원에 나가 활쏘기를 관람하며 시를 짓다(御後苑觀射作詩)」라는 작품의 전반부는 자신의 집권을 정당화함으로써 심각하게 일고 있는 내적 갈등과 고통을 잘 감추고 있다.

수족과 같은 신하들 풍운처럼 모여들어　　　　股肱會風雲
나를 난국을 구원할 자로 추대했네　　　　　推我濟時難

천하의 요사스러운 기운 맑아지고　　　　　　八極妖氛淸
사방의 만물이 여유로워졌다네　　　　　　　四方民物閒

　세조는 창덕궁 후원에 행차하여 활쏘기를 구경하면서 스스로의 위상에 새삼 고조되고 있는 듯하다. 세조는 왕위가 개인의 욕심에 의해 정해지는 것이 아니라 천명에 의해 결정되는 것이라는 점을 밝히고 싶었을 것이다. 자신의 등극을 합리화하는 것만이 세상을 설득하고 화난 민심을 잠재우는 길이라고 판단한 것은 어찌 보면 당연하다. 자신이 어려운 시대를 구원하고 국가의 기강을 세우며 문화의 창달을 이루는 데 필요한 인물이기에 신하들이 추대한 것이라는 점을 부각시키지 않으면 안 되었을 것이다. 후반부를 보면 꿈과 포부를 갖고 출발한 쿠데타를 온전하게 인정받고 싶은 의도가 변명을 넘어서 대업을 이루어 태평한 세상을 만들겠다는 강력한 의지로 표현되었다.

　사육신의 반란까지 일어나는 등 단종 복위를 꾀하는 신하들의 저항으로 세조의 권위는 추락하고 말았다. 충격을 받은 세조는 자신의 권위를 회복하고자 다양한 방안을 모색하지 않을 수 없었다. 대내적으로 정부체제를 국왕 중심의 육조직계로 개혁하고, 직전법을 통해 국가 지출을 경감하고 백성에게 부과된 공물을 줄였으며, 중앙의 5위제도와 지방의 진관체제를 통해

군사력을 증강하고, 국가 통치의 근간이 되는『경국대전』의 편찬을 시작하였다. 마음이 괴로워 부처님에 의지할 수밖에 없었을 세조는 스스로 '호불군주'라 칭하였고, 독실한 불교 신자였던 세조는 최초로 한글 번역의 불서인『석보상절』(1447)도 편찬했다. '석보상절'이란 석가모니의 계보〔釋譜〕를 자세히〔詳〕또는 줄여서〔節〕쓴다는 뜻이다. 1457년 1월 15일 세조는 백관을 거느리고 환구단에 나가 하늘에 제사를 지냈는데, 국태민안을 기원하기 위해 왕이 직접 환구단에서 제의를 행한 것은 조선왕조 최초로 있었던 일이다. 천자의 의례라는 이 환구제는 4백 년 후인 1897년 대한제국의 선포와 함께 다시 시행되었다.

왕위 계승에 정통성이 결여되었던 세조는 이를 극복하기 위해 위와 같은 특단의 조치를 강구하는 등 각고의 노력을 했다. 그리하여 그는 후세에 나름대로 역사적 평가를 받기도 했다. 특히 무예에 능하고 병서에 밝았던 세조는 조선 초 국가의 기강과 문물의 기틀을 다지는 데 주력했다. 계유정난 때는 직접 김종서를 칼로 벨 만큼 기본적으로 무인의 기질이 뛰어났던 세조는 자신의 한계를 잘 알고 있었다. 왕위를 이을 세자에게 다음과 같이 당부한 말은 암시하는 바가 크다.

내가 너를 사랑하는 것을 형용하여 말할 수 없다. 네가 나에게

갚으려거든 학문만 한 것이 없다. 대저 글이란 귀한 것이니 글을 못하면 비록 무예를 잘하더라도 쓸데가 없다. …… 내가 젊어서 활 쏘고 말 타는 것을 일삼았는데 놀이와 예능으로서 다만 희롱을 위하였을 뿐이니 족히 본받을 것이 못 된다.

조선은 활, 중국은 창, 일본은 칼을 선호한다는 말이 있다. 세조는 다른 왕들과 마찬가지로 활쏘기를 좋아했다. 아니 실록에 화살 열여섯 발로 사슴 열여섯 마리를 잡았다고 기록될 정도로 그는 무예에 뛰어났다. 그러나 국가의 통치자가 되기 위해서는 무예만 가지고 안 되므로 왕업을 수행해야 할 세자에게는 사냥에 깊숙이 빠지지 말 것을 위와 같이 경고하였다. 사냥을 좋아했던 연산군도 신하들과 자주 갈등을 일으켰음을 간과할 수 없다. 연산군이 자주 사냥에 애착을 보이자 신하들이 "종묘사직에 제사하는 일들은 모두 거행하지 아니하시고 먼저 사냥놀이를 일삼으시니 이는 전하께서 안일과 향락을 탐하시는 것입니다."라고 반응하였다. 역사적으로 군주가 반드시 갖추어야 할 자질과 역할이 있음을 잘 알고 있었으며 군주 스스로가 깨닫지 못하거나 실천하지 못할 경우 신하들이 직언하고 나섰던 것이다.

지울 수 없는 도덕적 오명을 무릅쓰고 왕위에 오른 세조는

13년밖에 그 자리에 머물지 못했다. 그리고 세조 정권이 왕위 계승 차원에서 정통성을 회복하기 힘들었던 것만은 아니다. 수양대군이 수구세력을 창칼로 제거한 계유정난의 명분은 왕도정치를 표방하는 개혁이었다. 그러나 안타깝게도 세조의 집권 기간은 개혁과는 거리가 멀었다. 쿠데타의 실세들을 새로운 기득권 세력으로 만들어내는 시기가 되고 말았다. 세조는 자신의 집권에 공헌한 소수의 공신을 중심으로 국가를 운영했다. 공신에 대한 의존은 정권 후반으로 갈수록 심화되어 큰 부담으로 작용했다. 왕권 강화를 목표로 신하들의 영향력을 규제하고자 했던 세조의 정국 구상은 거듭되는 공신 책봉으로 인해 치세 전반을 허약하게 만들었다.

인수대비 한씨는 월산대군(1454~1488)을 낳은 지 7개월 만에 남편과 아들과 함께 경복궁의 동궁으로 들어갔다. 1455년 세조가 즉위하면서 18세의 며느리 한씨는 비로소 세자빈이 되었고 훗날 대비에까지 오르는 기반을 마련했다. 한씨는 그때 이미 수양대군이 임금이 되기 위한 기초 다지기로서 자신을 며느리로 삼은 사실을 알고 있었다. 한씨는 왕이 될 수 없었던 처지의 시아버지 수양대군을 왕을 만드는 데 큰 역할을 했다. 수양대군이 임금의 자리에 오르는 것이야말로 자신이 국모가 될 수 있는 길이었다. 이후 인수대비는 세조대부터 4대에 걸쳐 궁중의 실세로 군림하게 된다.

인수대비는 어려서부터 총명하고 어질다는 소문이 자자했기 때문에 세조는 기꺼이 그녀를 며느리로 맞아들였다. 그녀는 얼마 되지 않아서부터 종실에서 가장 뛰어난 효부로 알려졌다. 『내훈』의 발문이나 『연려실기술』 등에 따르면 다음과 같이 인수대비는 세조 즉위 이전부터 시부모에게 효성스러웠다. 세조가 임금이 되고 자신이 세자빈으로 책봉된 후에는 더욱 몸가짐을 조심하였고 시부모 내외에게 정성을 다해 효도했다.

인수대비는 세조께서 왕위에 오르기 전부터 시부모를 모시는 데 밤낮으로 게을리하지 않았고 세자빈이 되어서는 더더욱 며느리 된 도리를 다하여 수라상을 친히 돌보시고 곁에서 떠나지 않으셨다. 세조께서는 항상 효성스러운 며느리라 칭찬하시고 효부도서를 만들어 하사하시어 그 효성을 드러내셨다.

궁서체의 주인공이라는 상궁 조두대가 쓴 위 『내훈』 발문을 보면 세자빈은 무엇보다 세조의 수라상에 오르는 음식을 친히 맛보아 감독할 만큼 지극 정성으로 시부모를 섬겼다. '곁에서 떠나지 않았다'는 기록을 통해서도 알 수 있듯이 인수대비는 시부모가 쿠데타 모의를 통해 왕위를 차지하는 데 큰 역할을 할 수 있을 정도로 늘 가까이에서 시부모를 모셨던 것이다. 효성을 다하는 며느리의 지극한 부도에 감탄하여 '효부(孝婦)'라는 책까지 만들어 하사했다고 하는데 얼마나 흡족하면 '효부도서'까지 만들어주었을까 하는 놀라움을 금할 수 없다. 세조는 "참으로 효부로다."라고 입버릇처럼 며느리를 칭찬하며, 예부터 귀감이 되어온 효부에 관한 이야기들을 책으로 엮어 널리 알리도록 했다.

한편 인수대비의 신실한 효성스러움과 더불어 그녀의 엄하고 곧은 성품을 이해할 수 있게 하는 다음과 같은 역사적 기록(『내훈』, 『연려실기술』 등)도 눈여겨 볼 만하다.

인수대비는 천품이 엄하고 바르시어 왕손들을 기르되 조금이라도 잘못이나 실수가 있으면 대충 덮어주지 않고 바로 정색을 하시고 훈계하여 바로잡으시니 이에 시부모님께서는 농담으로 '폭빈(暴嬪)'이라고 부르실 정도였다.

조 상궁이 남긴 위 『내훈』 발문을 보면 아무리 우스갯소리라고는 하나 어떻게 시부모가 며느리에게 '폭빈'이라는 말을 쓸 수 있을까 의아스럽다. 그만큼 세자빈의 성품이 엄정했음을 느끼기에 충분한 사례다. 그러한 단호하고 엄격한 성격을 지녔기에 모든 고난을 이겨내가며 자신의 뜻을 이루었을 것이다. 중전의 자리를 눈앞에 두고 지아비를 잃어야 했고 그로 인해 잠저로 돌아가 무려 12년이라는 세월을 청상과부로 지냈고 아들 성종이 관례에도 없는 보위를 이음으로써 중전의 자리를 거치지도 않고 다시 대비가 되어 입궐하게 되었다. 이 같은 여성의 삶은 조선왕조에서 유례 없는 독특한 것이라 할 수 있다.

남달리 효성스러운 세자빈은 시아버지로부터 총애를 입고 있었다고 하는데 세조가 세자빈의 소생인 월산대군, 자을산군에게 많은 토지와 농기구, 콩 등을 자주 하사한 것으로도 이 사실을 뒷받침한다. 한편 조 상궁은 세조 내외가 월산대군과 자을산군을 '우리 아들'이라 부르며 따뜻하게 위로해줘야 할 만큼 세자빈은 두 아들을 엄격하게 교육을 잘 시켰다고 발문에서 적었다. 이렇듯 인수대비는 며느리로서의 역할, 부모로서의 역할 등 자신이 처한 위치에서 도리와 책임을 다하려고 노력한 인물이다.

인수대비가 결혼할 당시엔 그녀의 남편인 이장이 수양대군의 장남에 불과했다. 세조가 즉위하면서 남편이 왕세자로 책봉되고 이에 한씨가 세자빈이 되면서 수빈에 봉해졌고, 그녀는 자신의 앞길에 비단이 깔렸다는 판단과 더불어 희망에 부풀어 있었다. 사실 이런 꿈이 없었다면 그녀는 수양대군의 아들과 혼인을 하지도 않았을 것이다. 그러나 청천벽력 같은 일이 일어났다. 친정아버지가 죽은 지 10개월 후인 세조 3년(1457) 7월 30일 한씨는 둘째 아들(성종)을 낳아 겨우 아버지를 잃은 슬픔에서 벗어나는 듯했는데, 그 무렵 남편이 갑작스레 병석에 눕고 말았다. 그리고 그해 9월 2일 남편 의경세자(1438~1457)가 나이 스물도 못 되어 눈을 감아 버렸다. 기골이 장대하고 생김새가 단아했던 남편은 세자가 된 지 2년 만에 왕위도 오르지 못한 채 만 19세의 나이에 세상을 떠난 것이다.

3
궁궐 밖으로 쫓겨나다

　수빈 한씨는 눈앞이 캄캄했다. 상상할 수도 없는 일에 도무지 정신을 차릴 수가 없었다. 도대체 왜 그 젊은 나이에 처자식을 놔두고 급히 가야 하는지 이해되지 않았다. 수빈 한씨는 남편이 사라진 현실 앞에 망연자실하였다. 그토록 부풀었던 미래가 물거품처럼 한순간에 날아가버리는 공허감이 엄습했다. 남편의 죽음을 계기로 한씨는 위기에 처했고, 예측되는 권력에서의 배제는 그녀로 하여금 자신의 운명을 고민할 수밖에 없도록 했다.

　장자계승의 원칙에 따라 세자가 죽으면 세자의 아들이 대통을 잇는 게 순리이지만 현실은 원칙과 다르게 가는 편이다. 겨우 네 살밖에 안 되는 큰아들이 남편을 대신하여 시아버지의 뒤를 이을 수는 없을 것 같았다. 게다가 시동생 해양대군이 있지 않은가. 불안은 그대로 비극으로 나타나고 말았다. 세조는 둘째 아들 해양대군을 세자로 책봉했기 때문이다. 결국 수빈 한씨는 여덟 살의 시동생이 세자로 책봉되는 것을 지켜봐야 했다.

그녀를 더욱 기가 막히고 힘들게 하는 것은 떠도는 이야기들이었다. 남편이 낮잠을 자다가 단종의 어머니인 현덕왕후 권씨의 저주로 가위 눌려 죽었다는 엄청난 괴소문이다. 당시 야사(『음애일기』)에 의하면 낮잠을 자고 있던 세조의 꿈에 현덕왕후가 나타나 "네가 내 아들을 죽였으니 나도 네 아들을 죽이겠다."고 하여 세조가 깜짝 놀라 꿈에서 깨자 곧바로 의경세자의 죽음 소식이 들렸고 이에 격분한 세조가 현덕왕후의 무덤인 소릉을 파헤치라고 명했다는 것이다. 남편의 죽음은 일시에 그녀의 모든 꿈과 행복을 앗아가고 삶을 헝클어지게 하였다.

해양대군은 세자에 책봉되어 10년간 세자로 지내면서 경복궁 자선당에 거처하였던 것으로 추정된다. 지금도 경복궁에 자선당이라는 건물이 있는데 '자비로운 성품을 기른다'는 뜻을 지니고 있다. 이 자선당은 세종 때 처음으로 만든 세자궁으로서 세종 9년(1427) 세자인 문종의 거처로 건립되었다. 동쪽에 있는 세자의 궁이라는 의미로 '동궁전'이라고도 했으며 세자를 직접 '동궁'이라 부르기도 했다. 해양대군이 세자로 결정됨에 따라 이제 한씨는 동궁을 넘겨주고 어린 자식들을 데리고 궐 밖으로 나와야 했다. 결혼한 지 5년이 지나 세조가 왕이 되면서 세자빈이 되어 입궐했다가 2년 후에 남편을 잃고 퇴궐하게 되었다. 갓난아이를 업고 궁을 나가는 심정은 참담하였으리라.

세조로서는 며느리 한씨가 일찍 남편을 잃은 안쓰러움도 있었지만 자신에게도 늘 든든한 정치적 동지였다. 게다가 며느리의 친정아버지를 생각하면 뭐든지 해주어야 할 입장이었다. 사돈인 한확은 계유정난을 성공시켜 자신을 왕으로 세우는 데 일등공신이었고 더구나 명에서는 왕위를 찬탈했다 하여 그를 왕으로 책봉하기 꺼려하고 있을 때 북경에 가서 황제의 허락을 받아내기까지 한 인물이다.

세조는 며느리의 거처를 죽은 세자의 신주를 모시는 효정묘(지금의 덕수궁 자리에 있었음) 옆에 새로 마련해주면서 평생 남편의 사당을 지키며 수절할 것을 바랐다. 물론 사저라고 하지만 왕족이 살아도 좋을 만큼 규모가 크고 웅장했다. 수빈 한씨가 살게 된 이 집은 정릉의 남쪽 흥천사가 있던 곳이다. 당시 정릉은 주한영국대사관 자리로 추정되는 지금의 정동 지역이다. 일찍이 태조가 죽은 신덕왕후 강씨(1356~1396)를 못 잊어 경복궁에서 가까운 곳에 능침을 마련하고 '정릉'이라 이름 짓고 수시로 찾으며 그 옆에 자신의 능침도 마련해뒀었다. 태조는 죽은 아내를 위해 동쪽에 흥천사도 지었다. 감정이 좋지 않았던 태종은 아버지 태조가 죽은 후 계모 신덕왕후를 후궁으로 강등하고 그녀의 능을 묘로 격하, 도성 밖 지금의 성북구 정릉으로 옮겼다. 물론 현종 10년(1669) 송시열의 상소에 의해 신덕왕후는 왕비로 복위되고, 무덤도 왕후의 능으로 복원되었다.

한씨가 궁궐을 나올 때의 나이는 겨우 21세였다. 꽃다운 나이에 쫓겨나 평생 혼자 살아야 되는 상황 때문에 오히려 굳건한 목표와 신념이 필요했고 더 강력한 카리스마를 풍겼을 것이다. 궁궐에서 쫓겨난 신세지만 그래도 한씨에게는 자식들이 남아 있었다. 맏이였던 월산대군이 네 살, 둘째 명숙공주가 두 살, 그리고 막내 자을산군이 생후 5개월밖에 되지 않았다. 남편보다 한 살 위였지만 한창 나이에 혼자 몸이 된 수빈 한씨는 어린 두 왕자와 공주의 교육에 전념하기 시작했다. 마른 체형에 성격이 예민하고 깐깐한 한씨는 위에서도 말했듯이 언제나 바르고 엄숙하여 왕손들의 잘못이 조금만 눈에 띄어도 엄히 타이르고 가르쳤다. 그래서 시부모인 세조와 정희왕후는 우스갯소리로 난폭할(포악할) '폭' 자에 세자(아내) '빈' 자를 써서 '폭빈'이라 부르기도 했던 것이다.

누구보다 자존심이 강한 한씨는 아이들이 아비 없는 과부의 자식 소리를 듣게 할 수는 없었다. 더욱 마음을 독하게 먹고 뜻을 가다듬어야 했다. 자식들을 훌륭하게 키우겠다는 큰 포부와 강한 집념은 점점 더 그녀를 엄격하고 단호한 모습으로 만들었을 것이다. 그리고 가장 큰 피해자는 맏이(월산대군)가 될 수밖에 없다. 맏이에게 거는 기대가 클수록 실망은 커지게 마련이었다. 네 살밖에 안 된 큰아들은 어머니의 기대에 어긋나는 미운 자식일 뿐이었다. 네 살 먹은 월산대군은 눈치 없고 어리석은 아이로 꾸중 들으며 주눅이 들어가고 있었을 것이다. 역사 속에서 월산대군이 허약하고 소심한 인물로 언급되고 있는 이유는 바로 냉정하고 엄격한 어머니에게 있다고 본다.

세조와 정희왕후는 청상과부가 되어 더욱 냉혹해지는 큰며느리를 보면서 마음이 아팠을 것이다. 아비 없이 자라는 손자들을 안타까워하는 마음에 자주 불러 위로도 하고 용기도 주었다. 더구나 이 손자들은 왕위와는 무관하다는 생각을 하며 별다른 기대도 할 수 없이 불쌍한 마음에 더욱 다정하게 해주고 싶었을 것이다. 세조는 매번 월산대군과 자을산군을 볼 때마다 꼭 말하기를 "독서를 일삼지 말거라. 독서는 너희들에게 급한 일이 아니다."(성종실록 권2, 1년 1월)라고 했다고 한다. 만일 두 손자가 왕위를 이을 가능성을 조금이나마 염두에 두었다면 이와 같이 말했을 리가 없다. 군주가 되려면 얼마나 많은 학문과 독서가 요구되겠는가. 그것을 세조나 정희왕후가 모를 리 없다.

그리고 분명하게 손자들에게 학문과 지식의 필요성을 역설하며 독서하기를 촉구했을 것이다. 그러나 세조 부부는 그렇게 하지 않았다. 이는 태종이 양녕대군(1394~1462)을 세자로 삼기 위해 열두 살밖에 되지 않은 세종을 서둘러 혼인시켜 출궁시키는 한 편 "너는 할 일이 없으니 편안히 놀기나 하라."면서 글씨, 그림, 비파 등의 예능에 관심을 갖게 하고 놀면서 즐길 만한 물건들을 마련해주었던 것을 연상하게 한다.

수빈 한씨는 아버지 없는 자녀들의 혼사에 관심을 집중했다. 먼저 명숙공주(1455~1482)를 열 살 먹은 당양위 홍상(1457~1513)에게 시집을 보냈다. 사위 홍상은 평소 도량이 넓고 성품이 온화하여 사람들로부터 존경받았다. 나중에 명숙공주는 홍상과의 사이에서 아들 하나를 낳았다. 그리고 세조 12년(1466) 8월 9일에 13세가 된 월산대군을 병조참판을 지낸 박중선(1435~1481)의 딸과 혼인시켰다. 이 사이에선 아들이 없고 측실에게서 2남을 낳았다. 이어서 월산대군이 혼인한 지 5개월 후인 1467년 1월 12일에 자을산군을 한명회의 막내딸과 혼인시켰다. 한명회의 딸은 자을산군보다 한 살 위인 열두 살이었다. 수빈 한씨는 거의 한 해 동안 세 자녀 모두를 혼인시킨 셈인데, 이때 그녀의 나이 불과 31세였다. 비록 시부모의 도움을 받았지만 남편 없이 혼자서 자녀 셋을 한꺼번에 결혼시킨다는 것은 보통 일이 아니다. 혼례를 마치고 난 후 한씨는 큰 병을 앓았는데, 병세가 위중하여 시부모가 직접 찾아오기까지 했었다.

수빈 한씨가 병석에서 일어나고 1년쯤 지났을까 다시 불행하게도 1468년 9월 8일 세조가 승하하였다. 세조는 보령 52세로 옛 창경궁인 수강궁 정침에서 눈을 감았다. 집권의 정당성을 마련하고 민심을 수습하기 위해 재위 내내 애쓰던 세조는 "내가 죽으면 속히 썩어야 하니 석실과 석관을 사용하지 말 것이며, 병풍석도 세우지 말라."고 유언을 남겼다. 세조의 무덤인 광릉은 경기도 남양주시 진접읍에 있는데, 그의 유언에 따라 광릉은 다른 왕들의 묘와 달리 검소하다.

세조가 세상을 떠남에 따라 세조 14년(1468) 9월 7일 열아홉살 된 시동생이 왕위(예종)에 올랐다. 세조는 병이 위중해 아들에게 양위한 후 다음 날 눈을 감았으므로 예종(1450~1469)은 세조가 죽기 전에 즉위를 한 것이다. 이제 수빈 한씨에게서 희망은 완전히 사라지고 말았다. 예종은 세조와 정희왕후의 둘째 아들로 세종 32년(1450)에 수양대군 사저에서 태어났다. 세조가 즉위한 후 해양대군에 봉해졌고, 형인 의경세자가 20세의 나이로 일찍 세상을 떠나자 세조 3년(1457)에 왕세자로 책봉됐다. 세자는 불과 열여섯 나이에 대리청정을 시작하였지만 아버지 세조가 오랫동안 질병으로 고생하는 상황이었다. 세자는 세조에게 유일하게 남은 적자인 데다가 아버지는 양위를 염두에 두고 대리청정을 진행시키고 있었다. 세조실록에 의하면 1466년 세자가 승지들의 업무를 보고받을 때부터 세조가 사망할 때까지 세자가 국정에 참여했던 기사가 자주 나온다. 그렇지만 세조는 세자가 일을 할 수 있도록 별도의 기구를 설치하거나 항시 업무 전부를 맡기지는 않았다. 병이 심해져 국사를 처리할 수 없을 때 임시로 정무를 맡기거나 자신이 담당하는 일의 일부에 참여하게 했을 뿐이다.

왕위에 오른 예종은 나이가 19세로서 성인에 속했으며 자질도 탁월하였다. 사실 세조의 생존 시 건강이 악화되어 세자가 정무를 맡게 되었을 때는 사태 파악이 민첩하고 정확하여 마음 놓고 뒷일을 부탁할 후계자를 얻었으니 걱정할 바가 없다고까지 하며 세조는 기뻐했었다. 또한 즉위하던 해에는 남이 장군(1441~1468)의 옥사를 진압했다. 그리고 그 이듬해에는 왕실의 대를 잇기 위해 지금의 서초구 내곡동 태종의 무덤(헌릉) 옆에 있던 세종의 영릉을 경기도 여주로 옮겼다. 세종의 묏자리가 좋지 않기 때문에 왕실의 장자들이 일찍 죽는다(세종실록 25년 2월 2일)는 서운관 부정(풍수지리학자)인 최양선의 말대로 장자였던 문종과 단종 모두 일찍 세상을 떠나고 그 뒤 세조의 맏아

들인 덕종도 일찍 죽고 예종의 첫째 아들 인성대군(1461~1463)
도 어린 나이에 죽었기 때문이다.

불행하게도 예종은 재위 1년 2개월 만인 1469년 20세를
일기로 숨을 거두고 말았다. 예종이 세상을 떠나자 이듬해인 성
종 1년(1470)에 의경세자의 묘인 경릉 북쪽에 예종의 무덤인 창
릉을 조성했다. 예종은 효성이 지극했던 아들이었다. 이긍익
(1736~1806)의 『연려실기술』에는 예종이 부왕 세조가 세상을
떠난 것에 충격을 받아 건강을 해쳤다며 다음과 같이 기록하고
있다.

예종이 세자일 때 세조가 병환이 생기니 수라상을 보살피고 약
을 먼저 맛보며 밤낮으로 곁을 지키며 한잠도 못 잔 지가 여러 달
이 되었다. 세조가 돌아가매 슬픔이 지나쳐 한 모금의 물도 마시
지 않았으므로 마침내 건강을 해치게 되어 이해 겨울에 세상을 떠
나게 됐다.

예종의 원비 장순왕후 한씨(1445~1461)는 상당부원군 한
명회와 황려부부인 민씨의 셋째 딸로 세종 27년(1445)에 사저
에서 태어났다. 한씨는 예종의 세자 시절에 가례를 올려 세조 6
년(1460)에 왕세자빈으로 책봉됐고, 이듬해에 원손 인성대군을
낳은 뒤 산후병으로 세조 7년(1461)에 녹사 안기(1451~1497)의

집에서 17세 나이에 세상을 떠났다. 인성대군은 태어난 지 세 살이 되어 죽었다. 성종 즉위 후 1470년에 세자빈 한씨는 장순왕후로 추존됐다. 세조 6년(1460) 세조가 한명회의 딸을 세자빈으로 책봉하면서 내린 교서를 보면 다음과 같다.

> 아! 그대 한씨는 훌륭한 집안에서 태어나 온유하고 아름답고 정숙하여 종묘의 제사를 도울 만하므로 이제 효령대군 이보와 우의정을 지낸 바 있는 이인손 등을 보내어 그대에게 책보를 주어서 왕세자빈으로 삼는다. ……아! 만 가지 교화의 시작과 만 가지 복의 근원이 그대 한 몸에 매였으니 공경하지 아니할 수가 있겠느냐.

세자빈의 지위가 얼마나 중요한지를 직감할 수 있게 하는 대목이다. 세조는 자신이 종묘사직을 책임지고 국가 대업을 완수해야 한다는 인식으로 평생을 살아왔다. 그러한 목표를 이루기 위해서는 며느리의 경우도 집안이 좋고 자질이 뛰어난 여성이어야 된다고 생각했다. 그리고 이 자리에 가장 잘 어울리는 인물로 세자빈 한씨를 선택하였던 것이다. 세자빈의 부친인 한명회는 세조대 최고의 공신으로 부귀와 권세를 지닌 사람이다. 한강변에 정자라고는 몇 개 되지 않던 당시 한명회가 소유한 '압구정'이라는 정자 이름은 중국에까지 알려질 정도였다. 지금의 압

구정동은 이 정자에서 온 이름으로, 한명회는 자신의 호 '압구(狎
鷗)'를 따서 정자 이름을 지었는데 그 뜻은 '세상일 다 버리고 강
가에서 살며 갈매기와 아주 친하게 지낸다'라는 뜻이다.

　　예종의 두 번째 왕비인 안순왕후 한씨(1445?~1498)는 청
천부원군 한백륜(1427~1474)과 서하부부인 임씨의 딸로 태어
났다. 세조 9년(1463)에 왕세자의 후궁으로 간택되었다가, 예
종이 즉위하자 왕비로 책봉됐다. 안순왕후는 예종과의 사이에
서 제안대군(1466~1525)을 낳았다. 그러나 안순왕후는 자신이
낳은 원자 제안대군을 왕위로 올리지 못한 채 성종이 즉위한 후
인혜왕대비가 됐고, 연산군 즉위 후 대왕대비가 됐다. 그 후 연
산군 4년(1498)에 창경궁에서 세상을 떠났고 이듬해인 연산군 5
년(1499)에 예종이 묻힌 창릉 동쪽 언덕에 안장되었다.

4
차남을 왕위에 앉히고 대비가 되다

───────

　남편을 잃은 수빈 한씨는 예종의 형수로서 사가에 머무는 종실의 한 여성일 뿐이었다. 그러나 그녀의 뒤에는 막강한 훈구 세력이 자리하고 있었다. 예종은 새로운 인물을 대거 등용하며 왕권을 강화하고자 혼신의 노력을 기울였지만 명분과 윤리를 강조하던 유교사회에서 장자의 부인이자 왕의 형수라는 수빈 한씨의 위상은 훈구 세력이 예종을 견제하는 데 상당한 뒷받침이 되었다. 수빈 한씨와 훈구 세력이 손잡는 정치 상황은 예종의 입장을 난처하게 만들었고 왕과 형수 두 사람 간의 갈등은 증폭되고 있었다.

　마침 수빈 한씨에게 뜻하지 않았던 기회가 다시 찾아왔다. 세조의 뒤를 이어 즉위한 시동생 예종이 불과 14개월 만인 1469

년 11월 28일 경복궁의 자미당에서 갑자기 세상을 떠났다. 형 덕종과 비슷하게 예종은 나이 겨우 20세에 생을 마감하고 만 것이다. 그리고 예종에게는 네 살 먹은 아들 제안대군과 딸 하나가 있을 뿐이었다. 물론 원자인 제안대군이 왕위를 이어받는 것이 원칙이다. 그리고 비록 나이가 어려도 제안대군을 임금의 자리로 올릴 수도 있다. 정희왕후와 안순왕후가 있어 어린 임금 대신 수렴청정을 하면 되기 때문이다. 그러나 수빈 한씨에게 순간적으로 예지가 발동했다. 자신의 큰아들 월산대군이 네 살에 후계자에서 밀려난 것을 감안하면 지금 제안대군도 힘들 수 있다는 판단이 뇌리를 스친 것이다.

수빈 한씨는 긴장하기 시작했다. 어떡하든 기회를 만들어야겠다고 생각하고 사돈인 한명회를 끌어들이기로 작정했다. 열세 살 된 자신의 둘째 아들 자을산군이 바로 명석한 경세가인 한명회의 사위 아닌가. 한명회가 물론 예종의 장인이기도 하나 손자 제안대군은 겨우 네 살밖에 안 되었으니 일을 도모하기가 수월하다고 수빈은 판단하였다. 공혜왕후 한씨(1456~1474)는 상당부원군 한명회의 넷째 딸로 세조 13년(1467) 11세에 자을산군과 가례를 올렸으며, 예종의 첫 번째 왕비 장순왕후보다 열한 살이나 어린 동생이다.

압구정 한명회는 단종, 세조, 예종, 성종에 이르는 4대에 걸쳐 33년간을 정치 일선에서 활약하면서 영의정을 두 번이나 지낸 역량 있는 인물이다. 무엇보다 자을산군이 승계 원칙을 무시한 채 왕이 될 수 있도록 만든 요인 중의 하나는 인수대비가 한명회와 제휴했기 때문이다. 그러니까 한명회가 두 딸을 왕비로 만든 데는 정치적인 고려가 있었던 것이다. 다만 이광수(1892~1950)의 『단종애사』와 같은 역사소설의 탓이기도 하겠지만 많은 부정적 평가와 달리 한명회는 소박하고 솔직한 성품에 권세를 빙자하여 사사로운 욕심을 내지 않았다는 평가도 있다. 한명회는 사위 성종이 재위하는 동안 태평성대를 이루는 성군이 되기를 소망하며 부단히 노력했다. 그러나 연산군 10년(1504) 갑자사화 때 윤비 사사 사건에 관련되었다 하여 그의 무덤이 파헤쳐져 시체는 토막내어지고 목이 잘려 한양 네거리에 걸리게 된다.

예종이 세상을 떠난 뒤 후계자를 정하는 문제는 매우 심각했다. 조선 건국 이래 왕위 계승자는 전왕의 생존 시에 결정되는 것이 원칙이었다. 그러나 예종이 원자를 남기고 승하하자 왕위 승계의 결정권은 왕실의 최고 어른인 정희왕후 윤씨(1418~1483)에게 돌아갔다. 정희왕후는 적장자인 예종의 아들 제안대군과 덕종의 장남 월산대군을 제치면서 파격적으로 자을산군을 예종의 후계자로 정했다. 결과는 수빈 한씨의 뜻대로 되어간 것이다. 사실 자을산군에게 보위를 넘겨준 것은 일찍부터 수빈 한씨가 시어머니와 자식들에게 바친 정성에 대한 보답이기도 했다. 정희왕후 윤씨는 의경세자의 둘째 아들인 자을산군을 후사로 선포하면서 그 배경을 예종실록(권8)에서 분명히 밝히고 있다.

> 지금 원자는 포대기 속에 있다. 또 덕종의 장자 월산대군은 어려서부터 질병이 있었다. 덕종의 둘째 아들 자을산군은 비록 어리기는 하지만 세조께서 일찍이 그 도량을 칭찬하며 태조에게 견주기까지 하셨다. 그러니 자을산군을 주상으로 삼음이 어떠한가.

실록에 의하면 예종이 승하하자 신하들이 정희왕후에게 왕위 계승권자를 직접 정해달라고 요청하자 그 말을 들은 정희왕후가 편실에 나와서 신숙주(1417~1475) 등 대신들을 불러 들어오게 하고 위와 같이 말했던 것이요, 그러자 신숙주 등이 대답하기를 "진실로 마땅합니다."라고 하였다. 왕의 후계자가 될 가능성이 가장 컸던 예종의 원자인 제안대군이 나이가 어리다는 이유로 왕위에 오르지 못하자 수빈 한씨의 아들들에게 기회가 돌아갔고, 둘째 아들 자을산군이 예종의 양자로 입적되어 왕위에 올랐다.

정희왕후의 권력욕이 개입될 수 있는 여지가 충분했다. 정희왕후는 조선왕조 최초로 수렴청정*을 한 인물로 세조가 승하하고 손자 예종이 19세의 나이로 즉위하자 너무 어리다 하여 수렴청정을 한 바 있다. 큰아들의 자식 중에서 다시 왕위 계승권자를 결정해야 하는 대비(자성대비)이고 보면 열여섯 살의 월산대군보다 세 살 어린 자을산군이 훨씬 수렴청정하기에 좋았을 것이다. 명실상부한 세조의 장손이자 16세였던 월산대군을 배제한 것은 납득키 어려운 조치일 만큼 정치적 결탁으로 여겨지는 것도 이 때문이다.

정희왕후 윤씨는 영의정을 지낸 윤번(1384~ 1448)의 딸이다. 1418년 충남 홍주(홍성의 옛 지명)에서 태어나 열한 살 때인 세종 10년(1428) 수양대군과 가례를 올렸다. 35세 때의 정희왕후는 계유정난의 정보가 누설되었다는 이유로 손석손 등이 거사를 만류하였고 이에 수양대군이 망설이자 남편에게 갑옷을 입혀주며 용병을 결행하게 할 만큼 용기 있는 여장부였다. 37세가 되던 1455년 정희왕후는 세조가 즉위하자 왕비에 책봉되었다. 그리고 세조가 죽은 후에는 아들에 이어 손자 대에 이르기까지 섭정을 했다.

유교이념이 지배하는 시대적 상황으로 인해 여성으로서

---

* 　여섯 명의 대비들에 의해 조선 전기에 3회, 후기에 4회, 모두 일곱 차례 수렴청정이 이루어졌다.

정치에 참여하기에는 한계가 있었다. 그러나 정희왕후의 수렴청정은 왕실 큰 어른으로서의 영향력을 유감없이 발휘하는 선례가 되었다. 수렴청정은 왕의 나이가 어리거나 자질이 부족하여 정사를 제대로 이끌기 어려운 경우에 왕대비나 대왕대비가 왕을 대신하여 섭정하는 긍정적인 의미가 있다. 이렇게 볼 때 수렴청정은 가장 능동적으로 여성이 국정에 참여하고 직접 관장하는 정치활동의 대표적인 형태라 할 수 있다. 사실 예종은 즉위 시 어리지도 않았고 자질도 미흡하지 않았으며 원상*들이 보좌하도록 되어 있었기 때문에 대비의 섭정이 꼭 필요한 것도 아니었으나 정희왕후는 수렴청정을 통해 정치적 역량을 드러냈던 것이다. 정희왕후는 국사를 처리할 때 원상과 승지를 참석시켰다.

예종이 죽고 자을산군이 즉위하는 것과 같은 경우는 전례 없던 일이다. 왕위 계승 1순위인 제안대군과 왕위 계승 2순위인 월산대군을 배제시키면서 자을산군을 즉위시킨 것은 정희왕후의 결단에 의한 것이었다. 나중에 열세 살의 성종을 대신해 7년 동안 정사를 이끈 정희왕후는 과감하고 분별력 있는 성품을 마음껏 발휘하여 왕권을 철저히 보호 확대하였다. 성종은 하루 업

---

* 조선시대 왕이 죽은 뒤 어린 임금을 보좌하여 정무를 맡아보던 원로 재상급의 임시 벼슬이다.

무가 끝나면 대비전에 나아가 하루 동안 있었던 일을 아뢰어 정희왕후의 의지(懿旨, 왕이 아닌 왕족의 교지)를 받아 최종적으로 국사를 결정했다.

그러나 신숙주 등이 대비에게 수렴청정을 요청했을 때 대비(정희왕후)가 전교하기를, "나는 문자를 알지 못해서 정사를 청단하기가 어려운데, 성종의 어머니 수빈은 글도 알고 또 사리도 밝으니, 이를 감당할 만하다."(성종실록 즉위년 11월 28일)고 한 바 있다. 그 뒤에도 비슷한 뜻으로 사양했던 만큼 인수대비의 역할이 작지 않았다. 한문으로 된 모든 공문의 결재를 해야 하는 정희왕후의 입장에서 곁에 있는 인수대비의 도움을 받았을 것이기 때문이다. 실제로 정희왕후의 수렴청정엔 인수대비의 영향이 컸다. 수렴청정은 왕대비가 없으면 대왕대비가 임무를 수행하기도 하지만 왕대비가 수행하는 것이 원칙이기도 하다.

정희왕후는 호패법을 폐지하여 민생 안정을 도모하고 숭유억불정책**을 강화하여 사회질서를 확립하며 동성불혼제의 시행으로 윤리의식을 고취하는 등 조선왕조의 제도와 문물을 정비해나갔다. 정희왕후에 의해 진행된 이런 일련의 노력들은 후대 수렴청정의 모범적인 사례가 되었고 성종 친정 시 원상제를

** 불교를 통해 내세관이 없는 유교의 한계성을 극복하려는 노력도 했다.

폐지하며 신진사림을 등용, 독자적 정치력을 확보하는 등 성종 대에 펼쳐지는 국가 백년의 초석이 되었다. 면밀한 판단력과 과단성 있는 행동으로 조정을 안정시킨 정희왕후는 성종이 성년이 되자 8년간의 섭정을 거두고 1476년 정치 일선에서 물러났다. 대비가 수렴청정을 철회하는 시기는 왕이 성년이 되는 20세가 기준이었다. 왕과 대신들이 여러 차례 청정을 간청했으나 정희왕후는 거절하고 왕의 친정을 선언하였다. 한명회, 신숙주 등의 믿을 만한 대신들도 있었지만 무엇보다 학덕을 겸비한 인수대비가 있었기 때문에 편안히 수렴청정을 거둘 수 있었다.

어린 조카를 축출한 이후 남편이 병마에 시달리다 재위 13년 만에 승하하고(당시 정희왕후 51세) 아들 둘 다 나이 스물 이전에 죽는 것을 지켜봐야 했던 비운의 왕실 여성 정희왕후는 성종 14년(1483) 3월 66세를 일기로 현 아산시 온천동 온양관광호텔 자리에 위치했던 온양행궁에서 세상을 떴다. 그녀 소생으로는 덕종, 예종 두 왕자 외에 의숙공주(1442~1477)가 있었다. 무덤은 남양주시에 있는 광릉으로 세조의 능 동편 언덕에 있다.

결국 명석하고 학식이 풍부한 수빈 한씨는 당시 실세였던 사돈 한명회와 시어머니 정희왕후 윤씨의 도움을 받아 차남을 왕으로 옹립했다. 1469년 11월 28일 예종이 승하한 그날 오후

13세 된 아들 자을산군이 경복궁에서 왕위에 올랐으니 그가 바로 조선 제9대 임금 성종(1457~1494)이다. 예종이 숨을 거두던 날 성종이 즉위했다는 것은 예종이 거의 죽게 되었을 때 이미 정희왕후가 인수대비와 중신들을 만나 후계자 문제를 상의하여 내정해놓고 대기하고 있었던 것으로 추정된다. 조선시대 왕들의 평균 즉위 연령이 24세인 점을 감안하면 13세에 왕이 된다는 것은 이르다고 할 수밖에 없다. 성종은 예종의 갑작스런 죽음으로 세자 시기를 거치지 않고 즉위하였다.

성종의 경우 아버지가 왕이 아니었던 조선의 첫 사례이다. 다시 말해 세종대에 정착된 장자상속제가 왜곡된 정치적 사건이라 할 수 있다. 성종은 왕위에 오른 후 예종을 아버지로 칭하면서 종묘에 그 신주를 봉안하였다. 규범적으로 왕위 정통성을 확보하기 위한 조처였다. 그러나 성종은 19세가 되어 명나라에 사신을 보내 친아버지인 의경세자의 추존왕 고명을 받아내어 그를 종묘에 봉안하려 노력한 결과 친아버지의 묘호를 덕종*으로 정하고 친아버지를 백부로 부르면서 종묘에 봉안할 수 있었다. 성종의 효성스러움은 두루 나타났는데, 왕실 웃어른인 정희왕후, 안순왕후, 소혜왕후 세 명의 대비를 모시기 위해 창경궁

---

* 정희왕후의 의지에 따라 성종 7년 의경세자가 덕종이라는 묘호로 종묘에 봉안됨으로서 성종의 생모인 인수대비의 서열은 예종비인 왕대비의 위에 놓이게 되었다.

을 마련한 것도 예외는 아니다.

성종은 형을 물리치고 왕위에 오른 것이 늘 미안했고, 월산대군(1454~1488) 역시 동생에게 부담을 주지 않기 위해 노력했다. 성종은 월산대군의 집에 있는 정자에 '풍월'과 '망원'의 이름을 내려 기념해주었다. 성종 8년(1477) 풍월이라는 글자를 하사하고 오언율시까지 지어주었으며, 성종 15년(1484) 원래 효녕대군(1396~1486) 소유의 희우정이던 것을 망원정으로 이름을 고쳐 월산대군에게 주고 시를 지어 기념하였다. 희우정은 태종의 2남이자 세종의 형인 효녕대군이 1624년 지은 별장의 누각인데, 1625년 세종이 이곳에서 잔치를 베풀고 있다가 큰비가 내려 들을 적시는 것을 보고 이를 기뻐하여 정자의 이름을 희우정으로 지었다고 한다. 지금의 서울시 마포구 합정동에 소재하는 망원정은 1988년 원래의 위치에서 약간 벗어난 곳에 복원한 것이다.

성종의 형에 대한 배려는 공적인 입장을 넘어서 진정한 우애의 측면이 강했다. 35세의 형이 세상을 떠난 뒤에도 형을 잊지 못해 초상화를 그려 가지고 있을 정도였다. 「불두화가 활짝 핌에 형을 생각하며 정좌하고 시를 지어 부치다(佛頭花盛開 憶兄寂坐 作詩以送)」라는 작품을 보자.

눈처럼 깨끗한 정신이며 옥 같은 얼굴　　　　　雪作精神玉作容
영롱한 정원에서 훈풍을 희롱하시네　　　　　玲瓏庭院弄薰風
기꺼이 복사꽃 오얏꽃 따라 아름답고
사랑하는 얼굴 띄었지만　　　　　　　　　肯隨桃李媚眷色
속마음은 얼음 서리와 같은 노화옹이라네　　暗許氷霜老化公

성종의 형을 생각하는 마음은 많은 시로 나타났다. 형에 대한 우애는 겉으로나 내면을 통해서나 어디에서든 고스란히 묻어났다. 성종은 불두화가 만개한 봄날 형을 초청하여 술자리를 베풀었다. 성종은 형이 죽은 뒤에도 초상화를 그려놓고 기렸다고 하는데, 월산대군은 외모가 훤칠하고 수려할 뿐만 아니라 정신이 맑고 깨끗했던 듯하다. 얼굴은 꽃처럼 온화하면서도 마음속은 얼음과 같이 냉철함을 잃지 않는 기개가 있었기에 왕위 계승과 관련해서도 욕심이나 불만 없이 기꺼이 은거할 수 있었을 것이다. 월산대군은 두 번이나 왕이 될 수 있는 기회를 빼앗겨 왕이 되지 못한 비운의 인물이다. 그러한 형을 이해하고 위로하며 그리워하는 성종의 추모의 정은 곡진하게 표출되어 감동을 일으킨다. 월산대군도 동생만큼이나 애틋한 정을 가지고 있었다. 아우이자 임금인 성종의 은혜에 시를 지어 다음과 같이 화답하였다.

사람들 대부분 명망이 중하여 참소를 근심하는데	人多望重愁讒謗
나는 홀로 신세가 한가하여 칭송과 비방 벗어나 있다네	我獨身閑脫毁譽
다행히 성군의 은혜 돌아봄에 무거우니	幸被聖君恩顧重
허연 머리에 긴 옷 끌고 다님 어찌 사양하리오	豈辭華髮曳長裾

5월 보름 성종이 어제시 2수를 지어 형에게 보내자 이에 화답하여 월산대군이 지은 것으로 자신의 평안과 기쁨의 심정을 드러낸 시의 후반부이다. 사람들이야 부귀공명을 바라기에 참소를 두려워하겠지만 욕심을 버린 자신은 세속적 평판에서 자유로울 수 있다고 하였다. 유유자적하는 월산대군의 모습이 선하다. 잘 알려진 시조 "추강에 밤이 드니 물결이 차노매라 …… 무심한 달빛만 싣고 빈 배 저어 오노라"가 바로 월산대군의 작품이다. 이런 정도로 인간의 순수와 여유를 만끽할 수 있는 글도 드물다고 할 만큼 위 시에서 우리는 무욕적 삶의 진수를 목격하게 된다. 권력에서 배제된 월산대군의 처세와 더불어 진정한 조선 사대부의 정의롭고 아름다운 모습마저 느낄 수 있다. 사실 역사 속에서 왕권을 놓고 갈등하는 친족과 부모형제들 간의 처절함은 안타깝기 그지없다. 그런 걸 감안한다면 인수대비의 두 아들이 보여준 우애는 우리 왕조사의 좋은 본보기라 할 수 있다. 정치적 소용돌이 속에서 희생과 보복이 난무하는 현상

을 넘어 지족과 배려의 가치를 잘 드러낸다.

　국왕의 공부를 '경전을 공부하는 자리'라는 뜻의 경연(經筵)이라 한다. 경연 참석은 세종의 경우 재위 32년 중 전반의 16년간 매일 참석하는 것을 원칙으로 삼았으며, 이 기간 동안에는 매년 평균 백 회를 초과했다. 그런데 성종대에는 국왕이 하루에도 여러 번 경연에 참석하는 관례가 생겨났다. 왕이 미성년으로서 하루에 세 번 강학하는 선례는 단종대에 볼 수 있는데, 성종은 죽을 때까지 이 원칙을 지켰다. 심지어 '야대(夜對)'라 하여 밤에도 신하를 불러 경연을 베풀었다. 경연의 자리는 국왕이 일방적으로 배우고 익히는 장소만은 아니었다. 오히려 정치적 현안을 신하들과 토론하는 장으로 변질되기 일쑤였다. 군신 간의 치열한 논쟁이 벌어지기도 했던 경연은 국왕을 성군으로 이끄는 학문의 장이면서 군주권의 정체성을 확인하는 자리이기도 하고 대화와 협력을 통한 정치 행위의 과정이기도 했다. 성종을 훌륭한 왕으로 만들기 위해 원상들을 스승으로 모시고 경연을 하루에도 세 번씩 열어가며 공부를 시킨 것은 인수대비였다. 그리고 지적인 어머니의 뜻을 받들어 아들은 경연을 가장 모범적으로 수행하였다.

　성종은 국가를 통치하는 군주로서 앞서 세종, 세조 등이 이룬 치적을 바탕으로 국가의 체재와 정책을 마련하는 데 최선을 다했다. 물론 성종은 조정의 실권을 쥐고 있던 세조 시절의 공신들의 지지로 왕위에 올랐다. 하지만 성종은 건국공신이었던 급진적 훈구파들의 패권을 견제해야 할 필요성을 느꼈다. 그리하여 개국에 참여하지 않고 학문의 길을 갔던 고려 말 온건파 사림들을 국정에 비로소 등용하기 시작했다. 엄밀히 말하면 세조 때 김종직(1431~1492)이라는 걸출한 인재의 발탁이 재야에 묻혀 있던 사림들이 중앙 정계에 발을 들여놓는 시발점이 되었다면 성종 때 이르러 사림이 본격적으로 정계에 진출했다고 할 수 있다. 숭유억불의 이념을 구현하기 위해 제도적 장치를 공고히 하는 노력을 기울여 1474년에는 『경국대전』을 완성함으로서 조선의 기틀을 확립하였다.

군주는 국정을 책임지고 민생을 돌보야 할 막중한 임무가 있다. 국왕이 이 책무를 다하기 위해서는 무엇보다 인사권의 행사가 중요하다. 신창현감으로 발령을 받은 김숙손이 성종께 하직숙배를 올렸다. 성종은 "수령칠사를 아느냐?"고 물었다. 김숙손이 미처 몰라서 대답을 못하자 노한 성종은 그 임명을 철회하였다. 수령칠사란 목민관으로서 백성을 다스리는 데 필수적인 준칙이다. 왕이 지방으로 부임하는 수령에게 수령칠사가 무엇인가를 물어보는 것은 당연하고 하직하는 수령은 반드시 수령칠사를 국왕 앞에서 외울 수 있어야 한다.

12년 전 청상과부가 되어 궁궐에서 쫓겨났던 수빈 한씨는 두 아들을 키우면서 살던 정릉의 집*을 월산대군에게 물려주고 이제 33세가 되어 다시 궁궐로 들어갔다. 1469년 아들이 왕위에 오른 덕분에 어머니 한씨는 절망을 딛고 새로운 삶을 시작하게 되었다. 다시 말해 죽은 남편 의경세자가 성종 2년(1471) 덕종으로 추존되면서 자신은 소혜왕후(시호)가 되었고 동시에 임금을 낳은 어머니로서 인수대비에 올랐다. 왕이 어리기 때문에 궁궐의 가장 나이 든 연장자로서 시어머니 정희왕후가 수렴청정을 했으나 임금의 어머니로서 대비가 된 인수대비도 실권을 쥘 수가 있었다.

오히려 인수대비가 미리 정치 판도를 읽지 않았다면 성종이 왕의 자리에 오르기도 어려웠을 것이고, 어린 성종이 왕이 됐을 때 혼란이 일어났을 수도 있었다고 본다. 왕실 안팎으로 어수선하던 시기임에도 불구하고 즉위 전후 불상사가 없었고

---

*   월산대군 집은 세자였던 도원군이 죽고 나서 세자빈이었던 한씨가 출궁할 때 세
     조가 지어준 것으로 한씨와 두 아들이 살다가 예종이 승하하면서 자을산군이 왕
     이 되는 바람에 한씨와 자을산군은 궁으로 들어갔고 월산대군 혼자 살던 곳이다.
     임진왜란으로 궁궐이 불타버린 후 한양에 입성한 선조(1552~1608)가 월산대군 집
     에 입주하면서 그곳을 정릉동 행궁으로 부르게 되었다. 그 후 이 행궁은 경운궁이
     되었다가 덕수궁으로 이름이 바뀌었다.

수렴청정 7년이 안정적으로 지나가면서 그 후 성종이 국가 발전에 전념할 수 있었던 것은 다행이 아닐 수 없다. 이와 같은 순조로운 정치 일정은 무엇보다 인수대비의 주도면밀한 예측과 날카로운 판단력의 결과라 할 수 있을 것이다.

일반적으로 조선시대 여성들은 자신의 능력이나 재주와 무관하게, 그 아들이 출세함에 따라 공적인 명예를 부여받을 수 있었다. 그러나 인수대비는 관례상 왕이 되기 힘든 아들을 왕으로 만들고 중전도 해보지 못한 그녀가 정치력만으로 전격 대비의 자리에 올라 왕실의 실권을 장악하였다. 결국 인수대비는 세조, 예종, 성종, 연산군 4대에 궁중의 실세로서 막강한 영향력을 행사한 인물이다. 그녀는 대비로 오래 살았을 뿐만 아니라 이 시기 권력과 함께 많은 의미 있는 업적도 쌓고 여성교육서『내훈』도 저술했는가 하면 나중에 며느리에게 사약을 내려야 하는 등 불행을 겪기도 했다.

조선의 인수대비는 왕실의 여성으로서 역사의 격랑에 휘둘리지 않은 몇 안 되는 주체적인 인물 중 한 사람이었으며, 그녀가 선택한 고독과 고난의 길이 역사의 발전 방향에 어느 정도 부합된다는 면에서 한국을 대표하는 지성인 중 한 사람이었다. 인수대비는 시대와 사회의 변화 속에서 삶의 목표를 뚜렷이 세우고 원칙과 소신을 중히 여기며 불행과 고통을 감내하면서 꿋

꿋하고 독실하게 살다간 진보적 여성이라 하겠다.

　성종은 13세의 어린 보령으로 한명회, 신숙주 등의 기득권 세력에 의해 옹립되었고, 그의 치세는 이른바 원훈의 자리를 차지하고 있던 계유정난의 주역들에 의해 태평성대의 틀을 잡아가고 있었다. 성종을 돕는 그러한 경륜 있는 중신들을 보호함으로써 함부로 준동할 수 있는 신진 세력의 등장을 방어함은 물론 신진 세력이 고개를 들지 못하도록 독단과 횡포를 자행할 수 있는 중신들의 발호를 막아낼 만큼 권력의 정점에 확고히 버티고 있었던 것이 바로 인수대비였다.

5
왕비를 폐위시키고 사약을 내리다

실록에 따르면 성종 3년(1473) 인수대비의 며느리이자 성종의 첫째 부인인 공혜왕후 한씨(1456~1474)의 병세가 매우 위독했다. 몇 달 요양하여 호전되기도 했는데 다시 병석에 드러누웠다가 마침내 공혜왕후는 성종 5년(1474) 창덕궁 구현전에서 겨우 19세의 나이로 후사도 없이 세상을 떠나고 말았다. 이에 성종 7년(1476) 8월 9일 조선 전기의 문신 윤기견의 딸인 숙의 윤씨(1455~1482)가 후궁으로 간택된 지 3년 만에 왕비로 책봉되었다. 성종보다 두 살 위인 윤씨가 숙의(내명부 종2품)로 입궁한 후 성종은 물론 대비들의 마음에 들도록 한 결과이다.

인수대비는 며느리인 중전들이 모든 조선의 여성들의 모범이 되기를 바라면서 "요와 순은 큰 성인이시나 단주와 상균 같은 아들을 두었으니 엄한 아버지가 가르쳐도 어질지 못한 자식이 있거늘 더구나 나는 홀어미로 옥 같은 마음을 지닌 며느리를 보고 싶으니…… 일곱 장으로 엮어 너희들에게 주노라."(『내훈』 서문)라고 선언한 바 있다. 『내훈』이 편찬된 시점이 인수대비 나이 39세인 성종 6년(1475)인데 이때는 성종의 원비 공혜왕후 한씨가 죽고 나서, 간택 후궁 둘이 있었다. 즉 19세의 숙의(폐비) 윤씨와 12세의 숙의(정현왕후) 윤씨(1462~1530)가 두 왕비 후보였는데, 인수대비는 이들에게 『내훈』을 읽히고 싶었을 것이다. 1년 후 성종 7년이면 스무 살이 되는 성종이 친정을 하게 되는데 왕비로서 내조를 잘하기를 소망하면서 지은 책이 바로 『내훈』이었다.

『내훈』(부부장) 가운데서도 북송의 정호(1032~1085)와 정이(1033~1107) 두 형제의 어머니 후 부인에 대한 내용은 바로 인수대비가 며느리 윤씨에게 바라는 행실이었을 것이다. "정태중(정호·정이의 아버지)의 부인 후씨는 시부모를 섬김에 그 효성과 삼가는 태도로 칭송을 받았으며, 태중과 더불어 마치 손님처럼 서로를 대하였다. 태중은 그 내조에 힘입어 예의와 공경이 더욱 지극했고 부인은 겸손과 순종으로 스스로를 다스려 비록 사소한 일이라도 자기 마음대로 한 적이 없고 반드시 여쭈어본 후에야 행하였다. 이 부인이 바로 두 정 선생의 어머니이다." 후

부인은 시부모를 효성으로 섬겼으며, 남편에게 겸손과 순종으로 대했고, 자녀들을 훌륭하게 길렀다.

왕실의 어른이자 시어머니로서 며느리 윤씨에 거는 인수대비의 기대는 클 수밖에 없었다. 그러나 윤씨는 대쪽같이 반듯한 성품에 며느리가 지혜로운 왕비이기를 바라는 시어머니의 포부나 바람과 달랐다. 사실 윤씨는 상궁 출신이었으므로 국모로 간택되는 과정에서부터 인수대비의 마음에 들지는 않았다. 다만 수태한 몸이었기 때문에 물리칠 수가 없었다. 그리고 성종실록에도 나오는 바와 같이 처음에 왕비로 간택될 때 폐비 윤씨는 "저는 본디 덕이 없으며 과부의 집에서 자라나 보고 들은 것이 없으므로…… 몹시 두렵습니다."라고 거절할 만큼 겸양을 보였기 때문에 대비들의 마음을 사로잡았었다. 중전이 되기 전 후궁으로 있는 동안에는 내숭을 떨며 음흉하고 간악한 성격을 감추고 있었다.

이제 성종의 사랑을 받고 뱃속에 아이(당시 임신 8개월)를 가진 윤씨는 왕비가 되기까지 노심초사 긴장 속에 살아온 겸손했던 모습이 아니었다. 가난했던 어린 시절, 홀어미와 함께했던 힘든 세월에서 몸에 밴 부지런하고 검소한 생활 습관 등에서도 벗어나 있었다. 갑작스럽게 찾아온 행운과 한꺼번에 거머쥔 권력 등을 주체하기 힘들었을 것이다. 드디어 왕비로 책봉된 지 3

개월 만인 1476년 11월 초에 윤씨는 왕자 융(연산군)을 낳았다. 더 이상 과거의 숙의 윤씨가 아니었다. 당당히 남편을 자신만의 사람으로 만들고 싶었을 것이며 남편이 후궁들과 놀아나는 것을 참고 지켜볼 수 없었다.

조선 중기의 문신 김육(1580~1658)이 기묘사화에 관해 편찬한 『기묘록』에 따르면 윤씨는 교만방자했는데 그녀의 이런 태도는 오히려 자신감의 부족에서 비롯되었을지도 모른다. 늘 가까이 상대해야 할 시어머니 인수대비는 정승 가문 출신인 데다 유학적 지식이 풍부했던 반면, 며느리 윤씨는 가난하고 보잘것없는 가문 출신이었으며 지식도 부족했기 때문이다. 관직이 판봉상시사(예조에 소속된 봉상시의 우두머리)에 이르렀던 아버지 윤기견이 딸 윤씨가 후궁으로 간택되기 전에 죽었으므로 집안의 살림살이가 넉넉지 못해 궁핍한 양반이나 중인들이 거주하던 남촌에 살았으며 어린 시절 윤씨는 직접 포를 짜서 생계를 도왔다. 인수대비가 자신의 젊은 시절 남편인 세자가 세 명의 후궁을 들일 때도 드러내놓고 불만을 표하거나 질투를 하지 않았던 것과도 사뭇 달랐다.

더구나 며느리들끼리 놓고 보더라도 마찬가지였다. 성종의 첫 번째 부인이던 공혜왕후만 하더라도 윤씨와 전혀 달랐다. 성종실록(권43)에 의하면 공혜왕후는 시어머니의 뜻에 반하지 않을 만큼 여유가 있었다. 시어머니가 무서워서 그랬는지는 모르나 후궁을 질투하기는커녕 선물을 주면서 현모양처로 지냈다. 성종보다 두 살 많은 공혜왕후 한씨의 묘지문을 인용해보자.

> 왕비는 성종이 장차 후궁을 골라 들일 것이라는 말을 듣고 좋은 옷들을 장만해두었다가 후궁들이 들어오면 선물로 주었다. 그 뒤로도 옷과 노리개 등을 끊임없이 내려주고 은혜와 예법으로 대우하며 조금도 싫어하는 기색이 없었다.

당시 조선 사회의 처첩제도에 따른 첩의 허용과 더불어 왕실의 법통을 잇기 위한 다산의 필요성 등을 감안할 때 투기 금지는 당연히 받아들여야 하는 규범이었다. 누구보다 예법과 윤리를 강조해온 인수대비로서는 마땅히 며느리가 국왕인 남편이 후궁을 들이더라도 참고 이겨나가리라 믿었을 것이다. 그러나 윤씨는 유교적 부덕이 한참 떨어지는 방자한 측면이 있는 인물이었다. 철저하게 유교적 이데올로기의 신봉자인 시어머니와 그렇지 못한 며느리가 만나게 된 것부터 서로의 불행이었다.

한편 왕비 윤씨가 질투를 한다 해도 여자를 좋아하는 성종의 생활 습관이 하루아침에 바뀌는 것은 아니었다. 윤씨의 투기가 가라앉지 않을 만큼 성종의 여성 편력은 심각한 수준이었다.

실록이나『연려실기술』,『해동야인』 등에 성종이 자주 잔치를 베풀고 기생들을 부르는 것을 두고 당시 사람들이 "연산군의 향락은 다 보고 들은 바가 있어서 그렇다."고 했다는 기록도 있다. 성종에겐 부인이 세 명이고 책봉된 후궁만도 아홉 명이었는데 이는 조선 역대 왕 중 왕비와 후궁을 합한 숫자 1위이다. 아들 딸 합쳐 자식도 가장 많은 28명을 두었다. 집권 후반기 더욱 자주 기방 출입을 하면서 바람기를 노출하던 남편에 질투로 대항했던 폐비 윤씨를 남성 중심의 성문화의 희생자로 보기도 한다. 조선 후기의 실학자 이긍익(1736~1806)이 찬술한 역사서『연려실기술』에서는 윤비와의 갈등과 불화는 물론 연산군의 만행의 책임도 집안 다스리는 도리를 잃은 채 여성 편력이 심했던 성종에게 돌리고 있다.

실록에 따르면 폐비 윤씨 문제가 생긴 것은 윤씨가 결혼한 지 7개월, 연산군을 낳은 지 4개월쯤 지난 성종 8년(1477) 3월 말경이다. 성종이 정 소용과 엄 숙의를 총애하자 감정을 자제하지 못하던 윤씨의 투기는 극에 달하여 그녀들이 자신과 원자를 해치려 한다는 거짓 투서를 꾸미는가 하면 저주, 자작극 등의 악행으로 이어졌다. 이 무렵 윤씨의 처소에서 비상을 넣은 작은 주머니와 저주 방법을 적은 책이 발견되었다. 사실과 관계없이 인수대비는 왕과 후궁들을 죽이기 위한 윤씨의 소행으로 여겼고, 성종마저도 그렇게 생각했다. 사태는 되돌릴 수 없는 지경으로 치닫고 있었다. 결단력이 뛰어나고 권력의 정점에 있던 정희왕후는 조정 대신들을 불러 윤씨 폐비 문제를 거론했다. 물론 원자를 생각해 용서하자는 신하들의 간절한 노력으로 사건 자체는 더 이상 비화되지 않고 윤씨를 수빈으로 강등시켜 따로 거처하게 하는 선에서 마무리되었다. 그리고 윤씨는 다시 왕자*까지 낳았으나 이미 벼랑 끝에 와 있었다.

왕비 윤씨는 성종과 관계를 맺는 주위의 여성들에게 경쟁의식을 가지면서 몹시 불안해하였다. 그녀를 더욱 긴장하게 한 것은 같이 후궁으로 들어온 숙의 윤씨가 그 무렵 아이(후일 중종이 됨)를 낳은 일이다. 성종이 숙의 윤씨를 좋아할수록 왕비 윤씨는 안정을 잃어가며 견디기 힘들어했다. 물론 숙의 윤씨는 나중에 연산군의 생모가 폐출됨으로써 왕비의 자리에 올랐다. 그녀가 바로 중종의 어머니인 정현왕후요, 연산군을 아들처럼 키운 인물이다.

왕비 윤씨가 성종과 별거를 시작한 지 2년 3개월 만에 더 큰 문제가 터지고 말았다. 성종 10년(1479) 6월 성종이 후궁의 침소에 들었을 때 윤씨가 불쑥 나타난 것이다. 성종은 윤씨

---

*   연산군과 한 살 차이 나는 동생으로 두 돌 되기 전에 죽었다(1477.12~1479.6).

가 질투의 수준을 넘어 자신을 독살하려 한다고 격노했다. 윤씨가 총애하는 후궁의 방에 뛰어드는 사건까지 발생하자 성종은 윤씨를 폐출하기로 결심하였다. 인수대비도 보고를 듣고 흔쾌히 동조했으며 정희왕후 또한 보고를 받고 폐출에 적극 동의하였다.『기묘록』,『연려실기술』등에서는 윤씨가 성종의 얼굴에 손톱 자국을 냈다고 하나, 실록에서는 오히려 윤씨가 성종이 있는 후궁의 방에 뛰어들었다가 성종으로부터 뺨을 맞았다고 한다. 즉 실록(성종 10년 6월 5일)에 따르면, "주상이 나의 뺨을 때리니 장차 두 아들을 데리고 집에 나가서 여생을 편안하게 살겠다."고 하였다는 것이다. 물론 성종 자신은 윤씨를 때린 적이 없다고 주장한다.『연려실기술』에 따르면 윤씨에 대한 성종의 분노는 이만저만이 아니었다. 성종이 윤씨 폐위 교지를 내리면서 다음과 같이 말하였다.

폐비 윤씨는 성품이 본래 음험하고 행실에 패역함이 많았다. ……나에게도 행패를 부리며 노예처럼 대우하여 심지어는 발자취까지도 없애버리겠다고 말한 일이 있었으나 오히려 이것은 사소한 일이다. …… 항상 독약을 품속에 지니기도 하고 혹은 상자 속에 간수하기도 했으니 그것은 다만 그가 시기하는 사람만 제거하려는 것이 아니고 장차 나에게도 이롭지 못한 것이었다.

성종은 2년 전의 투서 사건 당시 발견된 그 비상으로 자신을 독살할 수 있다고 윤씨를 의심하였다. 단순히 투기가 문제가 아니었다. 자신의 '발자취까지 없애버리겠다'는 윤씨를 두려워하고 있었다. 그리하여 위와 같이 성종은 윤씨가 투기하는 것이 아니라 근본이 나쁘다고 하면서 자신의 괴롭고 답답한 심정을 격하게 토로했다. 그리고 윤씨의 계속되는 행패에 따른 공포감을 노골적으로 드러냈다. 성종은 폐위 결심이 사사로운 감정이 아니라 국가의 미래가 달린 정당한 명분에 따른 것임을 신하와 백성 그리고 후세에까지 알리고 싶었을 것이다.

한편 인수대비는 이미 "부인이 사납게 투기하고 독하게 성을 잘 낸다면 크게는 그 집안을 무너뜨리고 작게는 제 몸을 망치게 된다."(『내훈』부부장)라고 말한 바 있다. 다만 『내훈』에서 투기에 관한 서술로는 이 조목이 유일하다는 점을 보더라도 인수대비가 투기 하나만을 며느리의 문제점으로 삼은 것은 아니었다. 인수대비는 윤씨가 이성으로 감정을 억제해야 하는 유교적 덕성이 현저히 부족하여 한 나라의 왕비로서 자격이 없다고 판단했다. 윤씨가 폐비되던 날의 실록(성종 10년 6월 2일)에서도 성종이 내린 교지를 보면 다음과 같다.

왕후의 어질고 어질지 못함은 국가의 성쇠가 달린 것이니, 이 얼마나 중요한가? 왕비 윤씨는 후궁으로부터 드디어 왕비의 자리에 올랐으나 뒤에서 도와준 공은 없고 도리어 투기하는 마음만 가지어, 지난 정유년에는 몰래 독약을 품고서 후궁을 해치고자 하다가 음모가 분명히 드러났으므로 내가 이를 폐하고자 하였다. …… 결단코 위로는 종묘를 이어 받들고 아래로는 국가에 모범이 될 수가 없으므로 윤씨를 폐하여 서인으로 삼는다."

윤씨의 행실이 유교 사회의 윤리적 모범을 보여야 할 왕실의 법도에 크게 어긋나므로 불가피 폐위를 결정하게 되었음을 엄숙히 공표하였다. 왕비 윤씨는 남편의 총애를 독점하고 싶은 사사로운 마음으로 공적인 의리를 그르치고 말았다. 『내훈』의 서문이나 부부장에서 인수대비가 초나라 장왕(?~BC 591)이 패업을 이룬 것이 왕비 번희의 공덕임을 거론한 것도 당연히 이와 관련 있다. 국가의 윤리적 기강을 명분으로 내세우며 왕을 비롯하여 왕대비, 대왕대비 모두가 윤씨의 폐출을 동의하는 상황에 원자를 이유로 폐위를 반대하던 신하들의 주장은 무력할 수밖에 없었다.

원자가 윤씨를 닮아서는 안 된다고 판단한 인수대비와 정희왕후는 피접이라는 명목 아래 원자를 궐 밖으로 내보내 기르도록 했다. 윤씨를 폐위하려 했던 3월에서 여덟 달 정도 지난 시점이었다. 실록(성종 9년 7월 14일)에서는 태어난 지 1년쯤 된 성종 8년(1477) 11월 원자가 병이 나자 사가로 내보내 치료하자는 논의를 하였고 피접 장소는 강희맹(1424~1483)의 집으로 정해졌다고 기록하고 있다. 강희맹은 화가 강희안(1417~1464)의 동생으로 조선 전기의 뛰어난 문장가였다. 윤씨는 궐 밖으로 나가는 그때 원자를 본 것이 마지막이었다.

성종 10년(1479) 6월 2일 윤씨는 더 이상 변명할 여지 없이 왕비가 된 지 2년 10개월 만에 결국 서인으로 강등되어 궁 밖으로 쫓겨나기에 이르렀다. 당시 아들 연산군의 나이 불과 3세였다. 실록에 따르면 성종이 6월 1일 밤에 승지들만 입시하게 했다가 취소하고 다음 날 새벽에 조정 중신들에게 입시하도록 명한 뒤 윤씨의 폐위를 결정했다. 폐위되기 전날인 6월 1일은 폐비 윤씨의 생일이었는데 이날 윤씨는 성종과 크게 싸우고 얼굴에 손톱 자국을 냈고 인수대비도 이 사실을 알고 몹시 노여워했다고 한다.

윤씨를 폐출시킨 후 인수대비는 곧 큰오빠 한치인(1421~1477)의 아들 한한을 명나라에 보내 왕비 폐출의 승인을 받게 했다. 왕비를 폐출시키고도 인수대비의 분은 풀리지 않았다. 신하들이 폐비 윤씨를 별궁에 두자는 요청도 거부하였다. 폐비의 생활과 심정은 비참하기 그지없었다. 엎친 데 덮친 격으로 쫓겨난 지 열흘 만인 6월 12일, 궁에 있던 젖먹이 둘째 아들도 두 돌도 안 되어 죽고 말았다. 왕실에서는 사가로 쫓겨난 윤씨를 새 정적으로 전혀 지원하지 않았다. 심지어 윤씨 사저에 도둑이 들어 물건을 도난당했으므로 이웃을 수사하고 담을 높이 쌓아줘야 한다는 말을 듣고도 범인을 잡기는커녕 그녀의 잘못이라 꾸짖을 정도였다.

폐출된 지 3년이 지난 성종 13년(1482) 대사헌이던 채수(1449~1515)와 권경우 등 대신들이 다시 폐비 윤씨의 집이 너무 가난하니 거처할 장소를 마련해주고 의식을 제공해줄 것을 주청하였다. 폐비 윤씨가 한때 국모였던 점과 원자의 세자 책봉을 앞두고 동정론은 확산되었다. 그러나 왕과 대비들은 분노할 뿐이었다. 『기묘록』에는 인수대비가 성종이 윤씨의 행동을 염탐하러 보낸 내시 안중경으로 하여금 윤씨가 머리를 빗고 낯을 씻어 예쁘게 단장을 하고 자기 잘못을 뉘우치지 않는다고 보고하도록 하여 죽게 했다고 적고 있다. 폐비 윤씨가 반성의 기미를 보이지 않자 성종의 분노는 극에 달했고 결단을 하기로 마음먹었다. 그리고 인수대비는 윤씨가 살아 있는 한 골치가 아플 것이라는 생각을 하였다. 훗날 아들을 사주해서 대신들에게 보복할 것이라 예단하고 후환을 없애기 위해 폐비에게 사약을 내리도록 했다.

물론 당시 여론은 여전히 왕비를 내쫓은 것에 대해 불만을 갖고 윤씨를 동정하는 편이었다. 그러나 대신들은 성종의 뜻을 간파하고 더 이상 폐비를 옹호할 수 없었다. 오히려 사약을 내리도록 왕의 결단을 촉구하기에 이르렀다. 성종은 "원자 때문에 어렵기는 하지만 훗날 반드시 발호할 우려가 있으니 대의로 결단해 예방하지 않을 수 없다."면서 윤씨의 사사를 명했다. 그리고 좌승지(형방승지) 이세좌(1445~1504)*에게 사약 내리는 일을 맡겼다. 성종 13년(1482) 8월 16일, 친정으로 쫓겨온 지 3년 만에 윤씨는 사약을 받고 비명을 지르며 피를 토하고 죽어갔다. 『기묘록』에 의하면 폐비 윤씨가 사약을 받으면서 "나를 임금의 능행길 옆에 장사하여 임금의 행차라도 보게 해주오."라고 유언하므로 건원릉 가는 길에 장사지냈다고 한다. 그러나 폐비의 무덤인 회묘는 현 동대문구 회기동의 경희대학교 캠퍼스 내에 자리 잡았다. 연산군이 즉위하면서 회릉으로 잠시 격상되었으나, 1506년 중종반정 발발 후 다시 회묘로 강봉되었다. 1969년 무덤은 지금의 경기도 고양시 덕양구 원신동으로 이장되어 서삼릉 내에 위치하고 있다. 폐비에 대한 성종의 증오는 상상할 수 없을 정도여서 그 다음 날 한때 장모였던 폐비의 어머니 신씨와

---

* 　 1503년 인정전에서 열린 양로연에 참석, 왕이 주는 술잔을 엎지른 실수로 연산군의 분노를 사서 유배되었다가 이듬해 갑자사화 때 폐비 윤씨에게 사약을 전하였다 하여 자결을 강요당하자 목매어 죽었다.

윤씨 형제들도 모두 유배를 보냈다.

　윤씨가 26세에 사약을 받고 비참한 최후를 맞게 되었을 때에 연산군은 겨우 일곱 살이었다. 폐비 사사 사건이 있었던 다음해인 성종 14년(1483) 2월 6일 원자가 세자에 책봉되었다. 윤씨 사사 이후 성종의 계비 정현왕후가 연산군의 어머니 역할을 했고 어린 연산군은 큰어머니인 월산대군의 부인 박씨(1455~1506)가 주로 키웠다. 폐비 윤씨에게 사약을 내리게 했던 인수대비는 성종으로 하여금 '향후 백 년 안에는 폐비의 일을 입에 담을 수 없다'는 엄명을 내리도록 하였다. 실록(연산군 2년 6월 13일)에서도 성종이 "내가 처분한 것을 절대 바꾸지 말라."고 유언했음을 적고 있다.

　폐비 사사 이후 인수대비는 주위 사람들이 하나씩 죽음으로써 우울함이 더해갔다. 성종 19년에는 큰아들 월산대군이 죽었고, 성종 25년(1494) 38세의 일기로 아들 성종마저도 승하했다. 조선 제9대 왕 성종 무덤인 선릉(현 서울시 강남구 소재)에는 계비 정현왕후 윤씨가 같이 모셔져 있다. 이렇게 해서 자식들을 모두 먼저 보내고 인수대비 자신은 실의와 굴욕의 10년을 더 살아가게 되었다.

6
손자에게 복수를 당하다

폐비 윤씨의 아들 연산군(1476~1506)은 성종 7년 11월 성종의 적장자(장남)*로 태어나 8세 때 세자로 책봉되었고, 12년 간이나 세자 수업을 받고 나서 드디어 1494년 12월 19세의 나이로 즉위했다. 성종은 즉위 이후 거의 대부분을 창덕궁에 거주했는데 세자가 되는 연산군이 탄생하자 성종 18년(1487) 창덕궁 안에 동궁을 새로 건립하였다. 연산군은 이곳에서 9년간 거처한 후 등극하였다. 재위 25년 만에 세상을 떠난 성종의 뒤를 이어 권좌에 오른 것이다. 손자 연산군이 즉위하자 인수대비 한씨는 대왕대비가 되었다.

---

*   폐비 윤씨가 후궁 시절 낳았던 효신왕자는 생후 5개월 만에 죽었다.

『연산군일기』에는 연산군이 학문을 좋아하지 않고 행실이 좋지 못했다는 부분이 나오기는 하지만 세자 시절의 연산군은 폭군의 모습만을 보이지는 않았다. 오히려 『연려실기술』에 나오는 일화는 연민의 정을 느끼게 한다.

연산이 동궁이었을 때 어느 날 성종에게 거리에 나가 놀고 싶다고 청하니 허락하였다. 저녁 때 동궁이 궁궐로 돌아오자 성종이 "오늘 밖에서 무엇을 보았느냐?"고 물었다. 연산은 "구경할 만한 것은 없었습니다. 다만 송아지 한 마리가 어미 소를 따라가는데, 그 어미 소가 문득 울면 송아지도 따라 울고 하니 이것이 가장 부러운 일이었습니다."라고 하였다. 성종은 이 말을 듣고 슬퍼 여겼다.

연산군이 본성을 잃은 것은 윤씨가 폐위된 데 원인이 있을 뿐 왕위에 처음 올랐을 때는 자못 슬기롭고 총명한 임금으로 일컬어졌다(『연려실기술』)고 한다. 등극 6개월 후에는 전국 8도에 암행어사를 파견하여 민간의 동정을 살피고 관료의 기강을 바로잡았으며, 즉위 초기 여진족과 왜구의 침입을 막기 위한 대책을 세우는 등 나름대로의 업적을 남겼다. 그러한 연산군이 임금의 자리에서 복수심으로 자기 관리를 못한 채 패륜아처럼 행동하다 왕위에서 쫓겨난 유일한 인물이 되었다는 점에서 너무나 유감스럽다.

사실 연산군은 즉위 무렵에 생모 윤씨의 일에 대해 알게 되었다. 그동안 조선 전기 문신 윤호(1424~1496)의 딸인 정현왕후를 어머니로 알고 있었는데, 아버지 성종의 무덤에 들어갈 묘지문에 자신이 윤기견의 딸인 폐비 윤씨의 아들이라고 쓰인 것을 보았다. 실록(연산군 1년 3월 16일)에 따르면 연산군이 성종의 묘지문을 보고 어머니가 죗값으로 폐위되어 죽은 사실을 알고 나서는 그날 수라를 들지 않았다. 아버지의 장례를 치르면서 어머니의 죽음에 대한 비밀을 알게 된 연산군은 끓어오르는 분노와 정회를 억누를 수 없었다. 연산군은 생모가 죽은 후 전라도 장흥에 13년째 유배되어 있던 외할머니 신씨와 외삼촌 윤구를 재위 1년(1495) 9월에 석방했다. 그리고 부왕의 유훈을 무시한* 채 1496년 생모를 위해 '효사묘'라는 사당을 세우고 무덤을 새롭게 단장하여 '회묘'라 했다.

　연산군의 광기가 표출되는 직접적인 계기는 생모의 죽음의 내막을 알고부터라 할 수 있다. 야사이긴 하나 『기묘록』에는 "폐비 윤씨에게 사약을 내려 자결하게 했는데, 윤씨가 눈물을 닦아 피 묻은 수건을 그 어머니 신씨에게 주면서 '우리 아이가 다행히 목숨을 보전하거든 이것으로 나의 원통함을 말해주

---

* 　공자는 "3년 동안 아버지의 도를 고치지 말아야 효라 할 수 있다."고 했다(『논어집주』).

오'라고 유언을 했다."고 적고 있다. 비교적 객관적인『연려실기술』에는 "윤씨가 죽을 때 약을 토하면서 목숨이 끊어졌는데 그 약물이 흰 비단 적삼에 뿌려졌다. 윤씨의 어미가 그 적삼을 전하여 뒤에 폐주(연산군)에게 드리니 폐주는 밤낮으로 그 적삼을 안고 울었다."고 기록되어 있다.

이 시기 참으로 안타까운 것은 사적인 감정에 치우치고 사치와 향락에 빠진 연산군의 돌이킬 수 없는 실정으로 정치와 경제가 파탄 지경에 이르렀고, 국가 질서의 혼란과 더불어 조정 대신들의 갈등과 분열이 극에 달했던 점이다. 연산군은 왕권 강화의 의도와 함께 조정 권력의 파행과 국가적 분란을 극복하지 못하고 오히려 부추기고 있었다.

급기야 연산군 4년(1498) 김일손(1464~1498) 등 신진 사류가 유자광(1439~1512) 중심의 훈구 세력에게 화를 입는 무오사화가 일어나고 말았다. 김일손의 사초 중에 김종직(1431~1492)의 조의제문이 올라 있어 이와 관련되었던 선비들이 참변을 당했던 사건이었던 만큼 유일하게 연산군은 사관들이 쓴 사초를 공식적으로 본 왕이 되었다. 김일손은 스승 김종직을 철저하게 따르면서 스승의 현실 타협적인 태도를 신랄하게 비판하기도 한 인물이다.

무오사화의 결과 연산군의 폭압적 정치를 저지하려던 사

림파의 패배로 연산군은 국정을 책임져야 할 자신을 망각한 채 사사로운 감정과 독단으로 치닫고 있었다. 무엇보다 윤비가 죽은 지 12년 후 국왕이 된 그는 생모의 죽음에서 벗어나질 못했다. 어머니에 대한 애틋함과 그리움이 잘 드러나고 있는 다음과 같은 시가 이를 뒷받침한다. 물론 어머니에 대한 숭모와 비애는 곳곳에 나타나고 있다.

어제 사묘에 나아가 어머니께 절함에　　　　作趨思廟拜慈親
잔 올리고 나니 눈물은 자리를 가득 적시네　　奠爵難收淚滿茵
간절한 정회는 다할 길 없으니　　　　　　　懇迫情懷難紀極
영령도 응당 이 정성을 돌보시리　　　　　　英靈應有顧誠眞

　연산군은 재위 8년째인 1502년 9월 5일 직접 사당에 제사를 올리고 나서 위 시를 지었다. 어머니에 대한 그리움과 서러움이 복받쳐 올라오는 아들의 정감 어린 글이다. 연산군은 효사묘에는 관원을 두어 아침저녁으로 상식하게 하였으며 회묘에는 직접 제사를 올렸다. 연산군은 어머니의 공덕을 비는 악장을 통해서 자식의 애끓는 심정과 인간적 도리를 잘 드러냈다. "아름다운 공 위대한 덕 하삽도/우리 어머니샷다/높은 사랑 깊은 어짐 하삽도/우리 어머니샷다/녹과 복을 길이 편안히 하사/억만 년 누리소서"라고 하여 어머니에 대한 존경과 사랑을 억제할 길이 없었다. 악장은 궁중의 행사에서 반주에 맞춰 부르는 노래 가사인데 연산군은 1505년 직접 이 같은 악장을 지어 승정원에 내려 보냈다.

　마침내 연산군은 재위 10년 만에 어머니에 대한 복수를 시작했다. 어머니의 억울함을 풀고자 하는 연산군의 행동은 거의 광인에 가까웠다. 그는 모후의 폐출과 죽음에 관련된 모든 사람들을 엄벌하거나 때려 죽이는 무자비한 행동도 거침없이 저질렀다. 실록에 의하면 연산군 10년(1504) 3월 20일 밤 연산군은 아버지의 후궁 정씨와 엄씨를 대궐 뜰에 결박하여놓고 손수 마구 치고 짓밟았다. 그리고 정씨의 소생 안양군과 봉안군을 불러들여 엄씨와 정씨를 가리키며 "이 죄인을 치라." 하니 안양군은 어두워서 누군지 모르고 치고, 봉안군은 어머니임을 알고 차마 치지 못하였다. 연산군은 불쾌하게 여기고 사람을 시켜 마구 치되 온갖 참혹한 짓을 다해 죽여버렸다. 뒤에 왕실 재정을 관리하는 내수사를 시켜 엄씨와 정씨의 시신을 가져다 찢어 젓을 담아 산과 들에 흩어버렸다. 부관참시라는 형벌이 연산군에게서 시작되었다고 하는 만큼 그에게는 잔혹한 면이 있었다.

　역시 실록에 따르면 연산군은 인수대비가 귀여워했던 정 귀인의 아들 둘(안양군과 봉안군)의 머리채를 잡고 인수대비의 침전으로 가서 방문을 열고 희롱하기를 "이것은 대비의 사랑하는 손자가 드리는 술잔이니 한 번 맛보시오." 하며, 안양군을 독촉하여 술잔을 드리게 하니, 인수대비가 놀라 잔을 받았다. 연산군이 또 말하기를, "사랑하는 손자에게 하사하는 것이 없습니까?" 하니, 대비가 놀라 얼른 베 두 필을 가져다주었다. 정 귀인의 아들 둘은 나중에 귀양 보내 사사했다. 연산군이 다시 말하기를 "대비는 어찌하여 우리 어머니를 죽였습니까?"라고, 불손하게 항의했다. 인수대비가 모욕을 이기지 못해 마침내 근심과 두려움으로 병이 나 죽었다고 한다.

친할머니인 인수대비는 어미를 찾는 손자를 폭빈의 위엄으로 가차 없이 나무랐고 그럴수록 연산군의 어머니에 대한 집착은 더해가면서 할머니에 대한 반감과 저항은 거세졌다. 조선 중기의 역관 조신(1454~?)이 지은 잡문집『소문쇄록』에서는 연산군이 정 소용과 엄 숙의를 때려죽이자 인수대비가 선왕의 후궁을 어찌 그렇게 할 수 있느냐고 호통을 쳤는데, 그 순간 연산군이 인수대비를 머리로 들이받았다고 한다. 안정복(1712~1791)의『열조통기』에 따르면 인수대비는 연산군이 머리로 받아 넘어지게 되어 그로 인해 죽었다. 한편 그때 격분한 연산군이 인수대비의 가슴팍을 향해 술상을 집어던져 그녀를 혼절케 했다고도 한다. 이 일이 있은 지 얼마 되지 않아 인수대비는 병상에서 일어나지 못한 채 세상을 떠났다. 인수대비는 죽어

가면서 자신의 죽음으로 연산군의 정치 생명이 끝날 것을 예상했을 것이다. 실록에 따르면 인수대비는 연산군 10년(1504) 4월 27일에 창경궁 경춘전에서 눈을 감았다. 『연려실기술』에서는 당시 인수대비의 나이가 68세였다고 적고 있다.

인수대비는 15세에 세자빈으로 시작하여 12년의 청상과부 시절을 넘어, 26년은 대비로, 10년은 대왕대비로서 자신의 역할을 충실하게 수행하며 주도적인 여성의 삶을 살았다. 조선의 성리학적 질서를 확립해가던 15세기 왕실(국가)을 보호하고 시대적 소명을 다하고자 했던 강직한 지식인은 조용히 사라졌다. 한편 인수대비는 성리학적 기준에서 벗어난 며느리를 쫓아내 죽음에 이르게 했고, 훗날 효심에 불타는 손자 연산군에게 복수를 당해 불행한 최후를 맞게 된 인물로 기억되고 있다. 인수대비의 경우 다른 왕비들에게는 다 있는 죽음을 슬퍼하는 애책, 시책, 지문 등 어느 것도 남아 있지 않다.

인수대비의 무덤은 경기도 고양시 용두동 서오릉 내에 위치한 경릉이다. 남편인 덕종과 같은 곳에 묻혔으나 덕종의 무덤보다 훨씬 크고 화려하다. 왕릉은 승하할 당시의 신분 차이에 따라 축조되는데, 인수대비는 왕실 최고 어른이었던 대왕대비로 떠났기 때문에 세자 신분이었던 남편의 무덤보다 격식이 있다. 유일하게 '우상좌하'라는 왕릉 조성의 원칙을 벗어나 왕의 자리인 오른쪽에 아내인 인수대비가 묻혀 있는 '여성상위' 무덤이기도 하다.

실록(연산군 2년 6월 13일)에 의하면 성종은 폐비 윤씨의 무덤을 능이 아닌 묘라 칭하면서 백 년 뒤에도 고치지 말고 자신의 뜻을 준수하라고 했다. 그러나 연산군 10년(1504) 3월 25일에 연산군은 폐비 윤씨를 제헌왕후로 높이고, 무덤을 회릉으로 격상시켰다. 그해 연산군은 부왕의 첩들만 처단한 것이 아니라 생모의 처참했던 종말과 관련되어 있는 사람들을 한 사람씩 제거해나가기 시작했다. 어머니의 폐출에 동조했거나 어머니에게 내려지는 사약을 방치한 사람들에 대해 복수의 칼을 뽑아 든 것이다. 간신 임사홍(1449~1506)은 무오사화 이후 권세를 독점하고 있던 악인 유자광(1439~1512), 연산군의 처남인 신수근(1450~1506)과 손잡고 윤씨가 폐비 사사된 내력을 연산군에게 밀고하였다. 조정의 권력을 장악하고 싶어 하던 임사홍의 계략과 맞물려 연산군은 1504년 3월부터 10월까지 7개월 동안 모후 폐위 사사에 찬성했던 모든 사람들을 처형하는 대학살을 감행했다. 권주, 김굉필, 성준, 윤필상, 이극돈, 이세좌, 이주 등은 극형에 처하고, 남효온, 심회, 어세겸, 이파, 정창손, 한명회, 한치형 등을 부관참시했다. 다만 갑자사화를 폐비 윤씨 사건에 대한 복수로 볼 수는 없을 것이다. 실록(연산군 12년 8월 15일)에 따르면 갑자사화 이후 어머니 기일에도 유흥을 즐기고 심지어는 많은 사람들 앞에서 발가벗고 교합하는 추태까지 보이고 있기 때문이다.

무오사화에 이어 갑자년의 사화로 인해 130명 가까운 선비들이 피를 흘리며 죽어갔다. 경기도관찰사 홍귀달(1438~1504)은 1504년 손녀딸을 후궁으로 들이라는 왕명을 거역했다 하여 곤장을 맞고 유배 도중 교살되기까지 했다. 두 번에 걸친 사화로 많은 국가의 인재들이 수난을 당하는 바람에 유교적 왕도정치가 침체되는 결과를 가져왔다.

연산군은 궐에서 보이는 집은 모두 철거하도록 하고 금표를 설치해 백성들을 들어오지 못하게 막았다. 그는 백성들의 삶은 아랑곳하지 않고 황음무도하게 때와 장소를 가리지 않고 음주가무를 즐기며 성에 탐닉하는 실정을 저질렀다. 연산군 10년 (1504) 연산군은 장악원의 기생을 150명에서 3백 명으로 늘렸다가 다시 1천 명으로 증원했다. 그리고 일반 기생인 운평의 정원을 7백 명으로 하고 자기 가까이 둔 흥청의 정원을 3백 명으로 했는데, 3백 명에서 시작한 흥청은 시간이 흐르면서 2천 여 명으로까지 증원시켰다. 연산군은 대비전에서 잔치를 열 때마다 젊은 의녀 50명을 골라 단장시켜 어전의 일을 맡게 하였다.

궁궐 안 경회루의 연못에 꽃배를 띄워놓고 기생들을 데리고 희롱하며 풍악을 즐겼고 그것도 모자라 수많은 민가를 헐고 사냥터를 만들기까지 했다. 왕과 신하들 간의 지적 의사소통 경로인 경연을 없앴고 쓴소리를 극도로 배척한 나머지 사간원까지 폐지해버리고 말았다.

연산군의 포악한 정치는 온갖 패륜으로 나타나기도 했는데, 그가 자신을 길러준 스물한 살 위의 큰어머니인 월산대군 부인 박씨를 겁탈했고 임신한 박씨는 수치감을 느껴 독약을 먹고 자살했다는 소문까지 돌았다. 실록에는 자살설과 함께 월산대군 부인을 세자의 양모라는 핑계로 항상 궁중에 머물게 하였고, 국가의 많은 곡식과 비단 등을 여러 번 하사했다고 적고 있다. 조선의 유교적 가치관으로 볼 때 연산군은 동정받을 여지가 없다. 국가를 수호해야 할 왕으로서 공적인 역할을 다하지 못한 채 사생활을 엉망진창으로 하다가 천벌을 받은 대표적인 경우이다. 연산군 이전 왕권 강화를 추구한 태종이나 세조는 강력한 왕권을 바탕으로 국익을 도모하거나 민생의 안정을 꾀했으나 연산군은 철저하게 개인 문제에 매달렸고 더구나 자기를 위한 사치와 향락에 여념이 없었다.

연산군은 타락한 사생활의 업보로서 재위 12년 만에 31세의 나이로 왕위에서 쫓겨나게 되었다. 다시 말해 연산군은 통치 기간의 실정으로 인해 관민의 원성과 반발을 사게 되면서 결국 1506년 9월 중종반정으로 축출 폐주가 되고, 왕자의 신분으로 강등되어 강화도 교동으로 유배를 가야 했다. 연산군이 지은 125편의 시 가운데는 자신의 종말을 예견하는 것도 있다.

사시사철 아름다운 경치도 놀이만은 못하나니	四時佳景不如遊
부디 그윽한 누대에서 밝은 가을달 구경하리	須賞幽臺朗月秋
바람 이는 강에 물결 타고 건너기 좋아 말길	莫好風江乘浪渡
배 뒤집혀 위급할 때 그 누가 구해주리	飜舟當急救人唯

솔직하게 자신의 처연한 심정을 잘 표출하고 있는 시의 전반부에서는 연산군의 안일무도한 생활과 더불어 국정의 파행을 연상시키는 분위기가 느껴진다. 연산군은 어느 누구도 흉내 낼 수 없을 정도로 문란하고 패악한 모습을 보였다. 그러한 자신의 광적인 태도를 전혀 모를 리는 없을 것이요 이미 군왕으로서의 체통을 지킬 수 없음을 스스로도 직감하였을 것이다. 그러기에 후반부에서 자신의 과오를 인정하고 실토하는 듯한 이미지가 부각되고 있다.

"배 뒤집혀 위급할 때 그 누가 구해주리"라는 자조 섞인 어투는 예사롭지 않다. 즉 이 시는 미래와 정확하게 일치되고 있는데, 그가 왕위에서 쫓겨나 유배를 떠날 때 그를 구하고자 한

이는 아무도 없었다. 중종반정이 있기 며칠 전 연산군은 기생들과 환락에 빠져 있으면서도 전혀 즐겁지 않은 상태에서, "인생은 풀잎의 이슬과 같아/만날 때가 많지 않은 것(人生如草露 會合不多時)"이라 적어 남겼다. 이 시를 쓰고 두 달 후 그는 강화도로 쫓겨나 위리안치되었다.

유배되고 2개월이 지난 1506년 11월 연산군은 31세 나이에 병으로 사망하여 그곳에 묻혔다가 중종 8년(1513) 부인 신씨(1476~1537)의 요청이 받아들여져 경기도 양주군 해동면 원당리(지금의 도봉구 방학동)에 안장되었다. 현재의 묘역에는 연산군과 그 옆에 부인 거창 신씨가 묻혀 있다.

7
여자도 배워야 한다

예법의 실천을 최고의 가치로 여기며 살다 예법에 반하는 상황에 부딪히며 인수대비 한씨는 비참하게 인생의 최후를 맞았다. 하지만 곧은 성품의 그녀가 지니고 있던 여성 교육철학과 부덕 이데올로기는 고스란히 남았다. 그녀는 남편이 없는 공백을 오히려 학문과 교육으로 메웠을 것이다.

그녀의 학문에 대한 열정과 깊이는 당시 여성에게서는 찾아보기 드문 일이었다. 인수대비는 조선조 여인답지 않게 한학에 통달했고 범어에도 조예가 깊었다. 유교국가에서 살아가는 왕실 여성답게 공개적으로 유교에 대한 해박한 지식을 축적해 나갔으나 외로운 속마음을 위로받기 위해 불교에도 크게 의존했다. 말년에는 불교에 의지하여 여생을 보냈다.

인수대비는 불교경전에 대한 관심과 이해에 따라 범어, 한어, 한글로 불서를 남기기도 했다. 한문 해독 능력이 뛰어났던 그녀는 24세이던 시절에는 『능엄경』을 언해하는 작업에 직접 관여했다고 세조가 증언(『능엄경언해』 발문)한 바도 있다. 그녀는 남편과 자식의 복락을 위해서 간경도감을 통한 불경 간행에 적극적으로 나섰으며 자신이 직접 『금강경』 등을 필사하기도 했다. 심지어 성종 2년(1471) 정희왕후가 간경도감을 폐쇄시키자 인수대비는 직접 흩어진 불경 목판을 수집해 인쇄하였으며 성종 사후에도 며느리 정현왕후와 함께 불경을 간행하였다. 그리하여 발간된 불경이 『법화경』을 비롯하여 총 29종 2,805권에 이르렀다. 승려의 수를 제한하는 도첩제를 강화해야 한다든가, 아예 승려가 되는 길을 막기 위해 도첩제마저 없애야 한다는 신하들의 강력한 주장에 맞서 인심의 동요를 막기 위해 불교를 옹호해야 한다는 교지를 내린 바 있다. 그런가 하면 젊은 학자들의 반발에 눌려 성종이 불교를 배척한다며 일침을 놓기도 했다.

성종 2년(1471) 정인사를 재건축한 것도 불교에 대한 인수대비의 두터운 믿음과 먼저 간 남편에 대한 그리움이 작용한 결과이다. 본래 정인사는 세조 5년(1459) 정희왕후가 맏아들 의경세자의 명복을 빌기 위해 지은 절이었다. 인수대비는 정인사가 새롭게 완공되자 경작지 5백 석을 하사하여 사찰 운영에 도움을 주었는데, 1473년 석가탄신일을 맞아 거행된 낙성식에는 전국 각지에서 모여든 승려 1만여 명을 비롯해 신자들의 수가 헤아릴 수 없이 많았다. 인수대비의 지원을 받았던 정인사는 명사와 풍류객들이 찾는 절이자 한양의 부녀자들이 즐기는 놀이터로 유명했다.

인수대비의 유교사상은 그녀가 지은 『내훈(內訓)』이라는 교육적 저술을 통해 극명하게 드러났다. 그녀는 성품이 대쪽 같아 사람이 지켜야 할 도리와 예절을 하늘같이 소중히 여겼다. 이로써 『내훈』이 지향하는 세계가 유교의 가부장적 질서임은 분명하다. 지적 소양과 교육적 소신에 따라 쓴 책에서 이러한 여성의 유교적 삶의 방식이 잘 드러난다는 점 때문에 그녀를 역사적으로 주목해온 게 사실이다.

하지만 관점을 좀더 새롭게 가져야 할 이유가 있다. 그녀가 "여성의 감추어진 능력을 도외시할 수 없으므로 여성도 가르치지 않으면 안 된다."(『내훈』 서문)고 주장했던 것처럼 인수대비는 여성도 남성과 같이 '배워야 한다'는 교육의 필요성을 강조했기 때문이다. 인수대비는 세자빈 시절 시부모를 모시던 여가에도 부녀자들의 무지함을 근심하여 부지런히 가르치고 깨우쳐주었다고 조 상궁은 『내훈』 발문에서 적고 있다. 이에 우리는 기꺼이 그녀를 한국 여성교육의 선구자라 부를 수 있을 것이다.

이와 같이 '여성도 배워야 한다'고 설파했던 인수대비의 여성교육에 대한 깊은 관심과 시각을, 그녀의 『내훈』을 통해 새로이 조명해볼 필요가 있다. 『내훈』을 집중적으로 분석한 연구들이 있었으나 대부분 당시 여성의 생활상이나 부도에 관한 고찰로서 인수대비의 교육철학에 대한 심도 있는 접근과는 다소 거리가 있었다.

사실 조선 5백 년 동안 『삼강행실도』만큼 많이 간행된 책은 없을 것이다. 이 책의 탄생에는 특별한 계기가 있었다. 실록(세종 10년 9월 27일)에 따르면 진주에 사는 김화가 아버지를 살해한 사건이 발생했는데 사건을 보고받은 세종은 "계집이 남편을 죽이고 종이 주인을 죽이는 것은 간혹 있었지만 이제 아비를 죽이는 자가 있으니 이는 반드시 내가 덕이 없는 까닭이로다."라고 탄식했다. 정승을 지냈으며 강직한 성품을 지녔던 허조(1369 ~1439)의 말에 의하면 지난 50년 동안 이런 사건은 없었다고 한다. 마침내 세종대왕의 지시에 따라 부제학 설순(?~1435)이 중심이 된 집현전 학사들에 의해 『삼강행실도』가 이루어졌다. 윤리적 파탄 속에서 백성들을 교화하기 위한 교육책으로 세종 16년(1434)에 간행 반포한 것이 『삼강행실도』였다. 그러나 『삼강행실도』를 백성들이 널리 읽도록 하겠다는 간행 의도에도 불구하고 한문 표기의 문제를 해결하지 못했다.

뿐만 아니라 『여계』, 『여범』, 『열녀전』, 『명심보감』, 『소학』 등 여성교육 관련 저술 대부분은 중국의 것으로서 모두 한문으로 되어 있었다. 따라서 배움이 부족하고 문자를 알지 못하는 일반 여성들로서는 이러한 교육서들을 읽고 이해하기가 보통 어려운 게 아니었다. 이 무렵 아들이 보위에 오름에 따라 대비가 된 인수대비 한씨는 조선 여성들의 사표가 되기로 결심하고, 모든 여성들에게 조선의 통치 이념인 성리학에 따른 부덕의 가치를 전파하는 길을 모색하고 있었다. 조 상궁이 쓴 『내훈』 발문을 보더라도 "어찌 귀한 자손을 가르치기 위해서일 뿐이겠습니까. 여항의 어리석은 부녀자들까지도 익히고 음미해야 한다."라고 하여 교화의 대상에 일반 여성까지 넣고 있었다.

　역시 목표 수행의 장애가 될 수 있는 것은 언어의 문제였다. 당시 여성교육에 대한 관심이 고조되고 있는 가운데도 여성교육서가 모두 한문으로 되어 있던 실상을 가슴 아프게 지켜보았던 터이기 때문이다. 인수대비는 먼저 부녀자의 수신서라 일컬어지는 『여사서(女四書)』, 즉 청나라 초기에 왕상이 주석을 붙인 『여계』, 『여논어』, 『내훈』(인효문황후), 『여범첩록』의 네 가지 책을 한글로 번역하여 이를 널리 보급했다. 그리고 중국의 유교 경전과 역사책을 참고로 우리 실정에 부합하는 여성교육서 『내훈』을 편찬하기로 마음먹었다.

성종 6년(1475) 인수대비는 당시 조선의 궁중 여성을 비롯하여 모든 부녀자들이 읽을 만한 적당한 책이 없음을 탄식하고 『내훈』을 짓기에 이르렀다. 『여교』, 『열녀전』, 『명심보감』, 『소학』 등의 책에서 여성의 모범이 될 만한 내용들을 뽑아 쉬운 한글로 번역하고, 어려운 한자어나 내용은 주석을 첨가하여 엮었다. 따라서 그녀가 『내훈』을 펴낸 것은 바로 유교적 부도의 내용을 쉽게 이해시키기 위한 효과적인 표기 체계의 구현이라는 필자의 의도와 신념이 구체적으로 표출된 결과이다. 조선시대 여성교육의 개척자답게 적절한 교재의 필요성을 깨달았던 것이다.

드디어 여성에 의해 여성을 위해 만들어진 우리나라 최초의 전문 여성교육서가 탄생한 셈이다. 위에서도 말했듯이 그녀는 궁궐 안의 여성은 물론 궁 밖의 일반 여성들까지 모두 읽어서 여성들이 우매함으로부터 벗어나기를 바랐다. 결과적으로 이 책은 왕실과 사대부 집안의 여성들이 읽을 수 있는 교양서적으로 손색이 없었으며, 후세 조선의 모든 여성들의 교육에 커다란 영향을 미쳤다. 『내훈』이 중종 12년, 선조 6년, 광해군 2년, 효종 7년, 영조 12년 등에 걸쳐 여러 차례 속간되었음도 이를 뒷받침한다. 영조는 영조 12년(1736)에 이 『내훈』을 자신이 직접 서문 뒤에 소견을 붙여 『어제내훈(언해)』로 간행하여 왕실 여성은 물론 사족 여성의 교육서로 활용하게 하였다.

한편 같은 해, 김창흡의 제자인 이덕수(1673~1744)가 왕명을 받들어 중국의 『여사서』를 한글로 풀이해 민간에 반포한 『(어제)여사서언해』가 있다. 이 책의 첫권에 실려 있는 영조의 서문에 의하면 "인수대비의 『내훈』과 함께 이 책을 세상에 퍼뜨리면 만세의 사람들을 힘쓰게 하고 풍속을 바로잡는 데 유익하지 않겠는가."라고 되어 있다.

『내훈』의 저술 동기에 해당하는 「서문」에 나오는 인수대비의 다음과 같은 주장을 직접 들어보면 그녀가 여성교육의 필요성을 어느 정도 인식했는지 확연히 알 수 있다.

무릇 사람의 출생이 천지의 영험한 기운을 이어받아 다섯 가지의 떳떳한 도리를 머금고 있어 옥과 돌이 다를 바가 없다고들 하는데, 난초와 쑥이 다른 것은 어쩐 일인가. 자신의 몸을 닦는 도에 있어서도 다하고 다하지 못함이 있으니 주나라 문왕의 교화가 태사(太姒)에 이르러 더욱더 밝혀지고 초나라 장왕이 제패토록 한 것은 바로 초희의 힘에 따른 것이니, 임금을 섬기고 지아비를 섬기는 일에서 감히 누가 이들보다 나을 수 있겠는가. ……

대개 남자는 매우 크고 넓은 곳에 마음을 두고 노닐며 여러 미묘한 데서 뜻을 취해 스스로 옳고 그름을 잘 분별하여 능히 자기 몸을 유지하니 어찌 나의 가르침을 기다린 후에야 행동하리오. 여자는 그렇지 아니하여 한갓 옷감 짜는 일에 있어 거칠고 세밀한 것만을 문제 삼지 덕행을 가까이해야 함을 알지 못하니 이것이 바로 내가 한스럽게 여기는 바이다.

　또한 사람이 본래부터 맑게 통한다 해도 성인의 가르침을 보지 못하고 하루아침에 갑자기 귀하게 되면 이는 곧 원숭이에게 관을 씌운 격이며 담장을 마주하고 서 있는 것과 같다. 이렇듯 무지한 사람이라면 참으로 세상에 나서기 어렵고 사람들에게 말하기조차 어려워진다.

　이 글은 여성교육에 별 관심이 없던 조선의 봉건적 체제와 이념 속에서 일찍이 인수대비가 보여준 대단히 개방적이고 진보적인 견해라 하겠다. 무엇보다 '나의 가르침', '성인의 가르침' 등의 언급과 함께 '여성도 가르쳐야 한다'는 발언에서는 그녀의 여성교육에 대한 지적인 각성과 더불어 강한 열정과 의지를 엿볼 수 있다. '교육을 받지 않으면 원숭이나 다름없고 무지하면 사회생활을 할 수 없다'는 마지막 단락의 내용은 교육의 필요성을 부각시키는 명쾌한 견해이다. 교육만큼 인간과 동물을 구분 짓는 적절한 잣대도 흔치 않을 것이다. 여성도 인간이 되기 위해서는 교육이 절대 요구된다.

　마치 근대를 여는 데 앞장섰던 나혜석(1896~1948)을 비롯한 신여성들이 '여성도 인간이다'라는 구호와 함께 여성교육의 의의를 역설했던 시대정신을 읽는 것 같다. 어느 때고 여성으로서의 삶의 문제를 직시할 수 있는 시각을 갖게 하는 가장 적절한 수단은 교육일 것이다. 배운다는 것이 현실에서 어떻게 구체적으로 삶을 변화시키고 의식을 바꾸는지를 일찍이 인수대비는 잘 알고 있었다. 인수대비는 맹자의 말을 인용하여 다시 "가르침이 없다면 짐승에 가깝다."(『내훈』 언행장)고 피력한 경우도 있는 바와 같이 여성교육의 필요성을 절실히 깨닫고 강변했다. 맹자는 가르치지 않으면 사람이 지닌 도리로서의 오륜 또는 본성에서 멀어질 수 있다고 보았다.

한편 위 서문에서 말한 것처럼 교육(학문)의 목적이 사람이 지켜야 할 다섯 가지의 떳떳한 도리인 오륜이나 오상의 덕을 밝히는 데 있다고 하겠다. 그리고 '옥과 돌'을 변별하고, '난초와 쑥'을 구분해야 한다고 하듯이 교육이나 학문의 본질이 '옳고 그름', 즉 시비를 가리는 것임을 알 수 있다. 그녀는 이와 같이 인간으로 하여금 도덕성을 구현하기 위한 분별력을 갖게 하는 것이 교육(학문)임을 자각하고 여성교육의 필요성을 맹렬히 토로했던 것이다.

인수대비는 이러한 여성교육의 필요성 때문에 『내훈』을 썼음을, "이리하여 『소학』, 『열녀전』, 『여교』, 『명심보감』이 지극히 적절하고 명확하면서도 권수가 자못 많아져서 쉽게 알지 못할까 봐 이 네 가지 책 중에서 중요한 말을 발췌하여 일곱 장으로 저술하여 너희들에게 주는 것이다."라고 분명히 말했다.

8
국가정치에 책임이 있다

———

교육의 필요성에 대한 강조에서 나아가 인수대비가 구상했던 구체적인 교육의 목적이나 의의가 진정 무엇인지를 확인하게 하는 그녀의 발언은 더욱 주목받을 만하다. 그녀가 앞에서 주나라 문왕(BC 1152~BC 1056)의 부인 태사와 초나라 장왕(?~BC 591)의 아내 번희를 귀감이 될 만한 왕비로 말한 뒤, 다음과 같이 여러 왕비들을 비판하는 데서는 여성이 인격을 갖춘 주체이자 사회적 자아로서의 소임을 다해야 한다는 신념마저 엿볼 수 있다.

내가 글을 읽다가 달기의 미소와 포사의 총애와 여희의 울음과 비연의 참소에 이르러 일찍이 글읽기를 포기하게 되었고 마음이 매우 섬뜩했다. 이런 사실에 비추어볼 때 한 나라의 정치가 잘 되고 못 되는 것은 비록 남자 대장부의 밝고 어두움에 달려 있다고는 하지만 역시 부녀자의 감추어진 바를 부정하거나 도외시할 수 없으며, 따라서 부녀자도 가르치지 않아서는 안 된다. (서문)

무엇보다 위 서문에서 '은나라 주왕 애첩 달기의 웃음, 주나라 유왕이 총애하던 여인 포사의 애교, 태자 신생을 참혹하게 죽였던 진나라 헌공의 비 여희의 울음, 한나라 소제의 비 비연의 참소에 이르러서는 책을 덮어버리지 않을 수 없었다.'고 말한 것은 의도하는 바가 분명하다. 인수대비는 『내훈』 저술의 배경을 논하는 가운데 국가 정치를 망친 중국 여성들에 대해 분노하는 기색을 드러냄으로써 바른 정치를 위한 자질을 갖춘 인물의 배출이 여성교육의 목적일 수 있음을 밝힌 셈이다.

다시 말해 '치란흥망(治亂興亡)'을 내세워 국가의 흥망이 정치에 달렸음을 언급하면서 국가 정치가 잘 되고 못되는 것에 여성도 책임이 있음을 주장하는 데서는 인수대비의 뛰어난 안목이 포착된다. 실록(세종 19년 11월 무술조)에 의하면 세종은 명에서 온 사신에게 "중국의 부녀자들은 문자를 알고 있어 혹 정사에 참여하여 나라를 그르칠 수 있으나 우리의 부녀들은 문자를 알지 못하므로 부인이 정사에 참여하는 일은 전혀 없을 것이다."라고 했다. 성군으로 존경받는 세종조차 여성 인식의 한계를 드러내는 조선의 상황을 감안하면 그녀가 한 말의 의의는 더욱 증폭된다.

이미 앞 장의 서문에서 인수대비가 '크고 넓은 곳에 마음을 두고', '여러 미묘한 데서 뜻을 취하며', '옳고 그름을 잘 분별하는' 등 여성도 배워서 해야 할 일이 많음을 염두에 두고, 한갓 옷감 짜는 일에만 신경 쓰지 말고 '덕행을 가까이해야 한다'고 하는 대목에서도 그녀의 여성의식과 교육철학이 명료하게 드러났다. 여성교육이라 함은 단순히 옷감 짜는 집안일만을 가르치는 것이 아니라 성인의 가르침 즉 덕행을 가르치는 것이어야 한다. 따라서 여기서 말하는 덕행은 이상적인 인격과 다르지 않으며, 이 덕행과 인격은 집 밖의 일과 관련되어 국가에 봉사하고 세상에 도움을 주는 것임을 유추할 수 있다. 또한 앞 장의 서문에서도 '가르침을 받지 않으면 짐승과 다를 바가 없다'고 말하면서 '가르침이란 세상에 몸을 세우고 남과 이야기하기 위함'이라고 말하는 데서 인수대비가 뜻하는 교육적 의의가 사회에 참여하고 소통하는 것임을 확인하게 된다. 인수대비는『안씨가훈』을 빌려서 "여성이 나라 정사에 참여함이 옳지 않다"(『내훈』부부장)고 하는 등 때로 여성의 직접적인 정치 참여를 경계하였다. 그러나 여성도 남성과 마찬가지로 사회에 진출할 수 있는 지적 능력과 인간적 품위를 갖출 필요가 있다는 견지에서 덕성과 지혜를 가르쳐야 한다고 했다. 이와 같이 그녀가 소망한 여성교육은 가정에 그치지 않고 사회로 나아가는 유교적 이상에 닿아 있었다.

대개 인수대비 한씨에 대한 평가 속에는 조선왕조의 유교적 여성관에서 배양된 우리나라 여성에 대한 왜곡된 인식이 담겨 있다. 인수대비는 유교적 부덕을 언급하기는 했으나 내적으로 여성 비하적 의식이나 인성을 가지지 않았다고 할 수 있다. 오히려 남편의 죽음에서 비롯된 수많은 위기와 실의를 기회와 희망으로 바꾸면서 끝내 자식을 왕위에 올리고 태평치세를 열게 한 정열적인 어머니이자 지혜로운 정치가였다. 인수대비는 한명회나 신숙주 등 기왕의 훈구 세력이 수세에 몰릴 때는 그들의 편에서 신흥 세력의 발호를 막았고, 훈구 세력이 왕권을 위협할 때는 다시 막강한 왕실의 권위로 그들의 전횡을 저지하는 등 시세와 정국의 변화에 뛰어난 정치력을 보여줬다.

대왕대비 정희왕후가 수렴청정을 요청받았을 때 "나는 문자를 알지 못하지만 수빈은 문자도 알고 사리에도 통달했으니 가히 국사를 다스릴 수 있다."며 인수대비에게 사양했던 사실에서도 인수대비의 타고난 분별력과 정치력을 짐작할 수 있다. 인수대비의 정치력은 그녀가 가진 천성에 보태어진 지식과 경험에서 비롯되었다. 또한 정치적 소양과 능력은 바로 교육의 힘이기에 그녀는『내훈』의 저술 동기를 밝히는 서문에서 정치적 소신에 관한 입장을 확실히 하는 것도 잊지 않았다. 비록 교육의 내용이 전통적인 부도나 유교적 여성 의식의 함양에서 크게 벗어나지는 않는다 하더라도 그녀가 추구했던 교육의 목표에서 '세상에 나갈 수 있는' 정치적 인간의 확립에 관한 것을 배제할 수는 없다.

『내훈』본문의 내용이 한마디로 가부장제에 순응할 수 있는 부덕을 강조하는 것이었거나 생활에 관한 것이었다고 할 수는 있다. 그러나 지적인 인수대비는 성리학적 이념의 정착이라는 시대적 소명을 염두에 두고 왕실의 규범과 질서를 모색하는 차원에서 여성교육서를 편찬했다. 이를테면, 사회만이 아닌 궁중도, 남성만이 아닌 여성도 성리학적 삶에 동참해야 한다고 여겼을 인수대비가 처한 특수한 상황을 이해해야 하는 대목이기도 하다. 여성도 새로운 국가질서 확립에 참여하자는 인수대비의 입장이 당시로서는 진보적이었던 것으로 평가되는 것도 이 때문이다.

우리가『내훈』에서 교육의 구체적 내용을 이해하고 언급하기에 앞서 먼저 간파해야 하는 것은 앞 장에서 살펴보았듯이 여성도 남성과 같이 '배워야 한다'는 교육의 필요성을 역설했던 사실이며 이 장에서와 같이 여성의 잠재적인 '정치력을 계발해야 한다'고 피력했던 점이다. 인수대비가 커다란 이상과 심오한 뜻을 품고 주체적으로 판단할 수 있는 인격을 함양해야 한다고 강변했던 점은 결코 소홀히 할 수 없다.

그러므로 인수대비가 지녔던 여성교육의 이념이나 방향성에 대한 인식을 전제로 다음과 같이 『내훈』의 본문 앞부분에 나오는, 여성도 '자신의 덕성을 함양해야 한다'는 그녀의 말에 주목할 필요가 있다. 여성이라 하더라도 국가와 사회에 봉사하고 세상에 도움을 주는 인물이 되기 위해서는 자신의 신변부터 바르게 하지 않으면 안 된다. 인수대비는 자아의 덕행을 함양해야 한다는 생각과 더불어 이에 대해 여성들이 공감하기를 촉구했다.

> 여자의 덕이란 반드시 재주 있고 총명한 게 아니며, 여자의 언어는 반드시 말을 잘하여 이익을 도모하는 언사가 아니며, 여자의 얼굴은 반드시 아름답고 고운 것만을 말하는 것이 아니며, 여자의 일이란 반드시 공교롭게 남의 능력을 넘어서는 것을 뜻하는 것이 아니다.
>
> 맑고 고요하고 여유로우며 정숙하여 절개를 지켜 바르게 하며, 행동을 함에 있어서 부끄러움을 느끼며, 움직임과 멈춤에 법도가

있는 것을 일러 여자의 덕이라 말할 것이다. 말을 가리고 선택해서 도리에 어긋나지 않는 말을 하며, 시간이 얼마간 지난 후에 말하여 사람에게 싫어하지 않게 하는 것을 일러 여자의 언어라 할 것이다. 더러운 옷을 빨아서 입고 치장하는 데 청결하며, 목욕을 때때로 하여 몸을 더럽게 하지 않는 것을 일러 여자의 용모라 할 것이다. 오로지 길쌈에 전념하여 쓸데없이 놀고 즐기는 짓을 하지 아니하며, 술과 밥을 좋게 하여 손님에게 잘 대접하는 것을 일러 여자의 일이라 할 것이다.

바로 이 네 가지는 여자의 큰 덕이기 때문에 폐기할 수 없는 것이다. 그러나 실제로 행하는 것이 매우 쉬우니 오직 마음속에 새겨두면 되는 것이다. (권1 제1 언행장)

인수대비는 위와 같이 『여교』에 기초하여 교육적 목적에 부합하는 교육의 내용으로서 덕행, 즉 사덕의 수양을 말하고 있다. 그리고 그 덕행이 무엇인지를 상술하고 있는데, 먼저 반소(48~117)의 『여계』 또는 『여교』를 인용하는 부덕의 강조와 개념적 정의는 간단치 않다. 사실 절도 있는 몸가짐, 아름다운 언어구사, 단정한 용모, 근면한 노동 등은 전인적 역할과 활동을 위한 기본적인 덕목이요, 사회적 자아로 나가기 위한 성숙한 인격적 요소이기 때문이다. 『내훈』이 선언적으로는 여성을 가르치기 위해 편찬되었을지라도 남녀를 불문하고 인간이 갖추어야 할 유교적 가치를 다루는 내용이 많음을 엿볼 수 있다. 실제로 여성에 국한하지 않는 내용이『내훈』전체의 절반 이상을 차지한다.

더욱이 셋째 단락에 제시된 그녀의 견해 또한 함부로 다룰 수 없다. 여성이 갖추어야 할 덕성을 설명하면서 "바로 이 네 가지는 여자의 큰 덕"이라고 말하듯이 덕은 종합적인 의미로 볼 수 있기 때문이다. 앞 장에서 나온『내훈』의 서문에서도 '길쌈의 굵고 가는 것'과 '덕행의 높고 낮음'을 대비시킴으로서 '덕'이 여성을 넘어 남녀 모두에게 해당하는 것임을 시사한 바 있다. 더구나 위 내용에 이어서 "옛사람이 말하기를 인(仁)은 너무 멀고 아득한 것이나 내가 인을 이루고자 한다면 인을 이루리라고 하였는데 바로 이를 말하는 것이다."라고 진술하듯이 덕의 개념을 유교적 핵심 가치인 '인'과 일치시킬 수 있다는 점에서 덕이 지닌 의미의 확장성이 명료해진다. 덕이나 인은 여성에게만 필요한 것이 아니다. '군자'로 대표되는 이상적인 인격을 갖춘 남녀 모두에게 요구되는 내용이다.

인수대비는 자녀교육의 내용을 말하면서『예기』의「내칙편」을 인용하여 다음과 같이 근면하게 일할 것을 역설한 바 있는데 이 내용도 덕의 포괄적 개념을 이해하는 데 무관하지 않다.

10세가 되거든 문 밖에 나가지 아니하고 스승의 가르침을 유순하게 듣고 따르며, 삼과 모시로 베를 짜고, 목화와 누에를 길러 실을 뽑아 무명과 비단을 짜듯, 여자의 일을 배워 의복을 만들지니라. 제사를 위해 술과 음료를 마련하고, 죽기와 목기, 김치와 젓갈을 들여놓으며, 예로써 제사 준비를 도울지니라. (권3 제5 모의장)

인수대비는 당나라의 유빈이 자녀들에게 집안을 망치는 다섯 가지 허물이 있음을 가르친 글을 인용하면서 "넷째는 한가롭게 노는 것을 숭상하고 술을 즐기고 좋아하는 것이다. 그래서 술잔 기울이는 것을 높은 경지로 여기고 부지런히 일하는 것을 속된 무리로 여긴다."(『내훈』 언행장)고 했고 "사치스럽다가 검소하게 지내기란 참으로 어렵다."(『내훈』 염검장)고도 했다. 나태와 사치를 배격하면서 근면과 검소를 드높이는 실용 정신은 가정이나 개인의 생활을 넘어 사회생활 속에서도 매우 유용한 의미를 지닌다는 점에서 설득력이 있다. '후생(厚生)이 된 뒤에야 정덕(正德)을 이룰 수 있다'는 조선 후기 실학자들의 사상과도 일맥상통하는 논조라 하겠다. 생활 속의 실리를 확보하는 가운데 진정으로 인덕을 이룰 수 있음을 암시하는 견해로 보아야 할 것이다.

인간다워지기 위한 덕행을 쌓고 그 덕행이 실제로 가치를 드러내기 위해서는 성실히 노력하고 부지런히 일을 해야 한다. 말하자면 물질적 가치가 뒷받침되지 않는 정신적 가치만으로는 생활의 균형과 인간의 행복을 기대하기 힘들다. 다만 이러한 근면과 노동에 관한 내용이『내훈』에 많지 않음이 아쉽기도 한데, 그만큼 윤리적·정신적 내용을 부각시키는 조선 전기에 나온 저술적 특성을 보여주고 있다. 그리고 저술을 통해 교화시키고자 했던 일차적 독자가 일반 여성층에 앞서 자신의 며느리가 될 비빈들이었던 점도 무관하지 않다.

덕의 복합적 개념을 뒷받침하는 적절한 예로서, 조선 후기 대표적인 실학자였던 성해응(1760~1839)의 견해에 주목할 만하다. 그의 문집인『연경재전집』에 따르면 성해응은 제문을 통해 다음같이 먼저 간 부인의 덕을 진정으로 추모하였다. "당신은 나를 기쁘게 해주었지만 정도를 지나치지 않았고 충고를 하되 원망하는 마음에서 나온 것이 아니었소. 내 뜻을 따르면서도 반드시 의에 맞게 하였고, 살림을 부지런히 하였지만 모으는 데 급급하지 않았소. 효도하되 반드시 법도에 맞게 하였고, 은혜를 베풀면서도 반드시 여러 사람들에게 두루 미쳤다오. 이런 당신을 두고 '그윽하고 정숙한 덕이 있다' 해도 과언이 아닐 것이오."

무엇보다 인수대비가 지극히 여성의 수동적 태도를 강조하는 삼종(三從)을 빼고 사덕(四德)만을 언급한 것도 의도적이었다고 볼 수 있다. 그리고 본래『주례』에 나오던 사덕을 재해석하여 반소가 여자는 재주가 뛰어날 필요가 없고 베 짜는 일에

몰두하라고 했던 점을 감안할 때 인수대비는 여기서 한 단계 나가고 있다는 점을 간과할 수 없다. 인수대비는 『내훈』 서문에서 베 짜는 일에만 집착하지 말고, 세상과 소통하기 위한 덕행을 갖출 수 있도록 배워야 한다고 했기 때문이다.

　요컨대 인수대비가 말하는 덕행이야말로 재주 있고 총명한 예지와 정숙하고 교양 있는 정신적 총체로서 인간 모두에게 요구되는 중요한 삶의 덕목이라 할 수 있다. 그리고 이 덕행은 '치란흥망'에 대처하는 여성의 잠재된 정치적 능력과도 무관하지 않다. 그녀는 이상적인 정치를 덕치로 여기고, 여성교육의 목적도 이 덕치에 기여하는 인물의 양성에 있다고 보았던 것이다. 『내훈』이 비록 오래전에 쓰여진 글이고 지적 탐구를 위한 내용과는 다소 거리가 있을지라도 인수대비의 교육적 관점이 현대인들에게도 삶의 본질을 깨닫게 해주는 점에서 초간된 지 5백 년이 지난 지금까지 수없이 출간 또는 번역되고 있다.

9
효행과 화목의 도리를 다해야 한다

효의 가치는 현실적으로 시대와 국가를 넘어 강조되어왔고 초월적 차원의 어느 종교에서도 중요하게 다루어져왔다. 유교에서는 효가 다른 어느 덕목보다 우선시되었기 때문에『효경』을 통해서 "무릇 효는 모든 덕의 근본이요, 모든 가르침이 여기서 생겨난다."고 하였다.『소학』에서 먼저 효도를 행하고 여력이 있으면 시서(詩書)와 무예를 익히고, 효도를 행한 다음에 학문을 하라 한 것을 보더라도 효도가 만행의 근원임을 알 수 있다.

이와 같이 유교적 전통사회에서 효행은 남녀를 불문하고 인간의 행동을 규정하는 절대적인 윤리 개념이다. 그러므로 효는 부모에 대한 보은으로서뿐만 아니라 형제자매 친척 간의 화목으로까지 확대되며 궁극적으로 자신의 존재에 대해 긍지를 갖게 하는 덕목으로 이해되기도 했다. 인수대비는 가부장제적 사고의 틀에서 부부간의 애정보다 부모에 대한 자식의 효도를 우선시하였다. 중국이나 조선의 어느 교육서들보다도 『내훈』에서는 효에 관한 내용이 큰 비중을 차지하는 것도 이와 무관하지 않다.

이렇듯 부모에 대한 효도가 인간이 행하는 최고의 가치로 여겨지다 보니, 다음과 같은 내용의 규범들이 수용될 수가 있었다.

아들이 그 아내를 매우 마땅히 여기더라도 부모께서 기뻐하지 않으시면 아내를 내보내야 한다. 아들이 그 아내가 마땅치 않더라도 부모께서 말씀하시기를 '참으로 나를 잘 섬기는구나' 하시면 아들은 부부의 예를 행하여 죽을 때까지 함께 해야 한다. (권1 제2 효친장)

시부모님의 존귀함이 하늘과 같이 높으니 반드시 공경하여 자신이 현명하다고 믿지 말 것이요, 혹시 매질을 하거나 꾸짖어도 기꺼이 받아들여라. 이는 진실로 자신을 사랑함이라. (권1 제2 효친장)

위 내용과 이어지는 『내훈』의 내용으로 "굽히고 따르는 것 이상이 없다."라든지 "며느리가 잘못하면 이를 가르칠 것이고 가르쳐도 말을 듣지 않으면 때릴 것이고 때려도 고치지 않으면 쫓아내야 한다."는 대목들이 있다. 물론 당시에는 진보적이라 할 수 있는 성리학적 이념이 자리를 굳혀가는 성종대에 나온 것이다. 조선시대 의례 생활에 절대적으로 영향을 미쳤던『주자가례』(권1)에도 "시어머니가 가르쳐야 한다. 가르칠 수 없을 것 같은 연후에 성을 내며 성을 내도 안 될 것 같은 연후에 매질한다. 여러 번 매질을 해도 끝내 고치지 않으면 그 후에 아들과 며느리를 내쫓는다."고 되어 있다. 며느리가 시어머니에게 공손하지 않거나 효도하지 않을 때 시어머니가 며느리를 쫓아낼 수 있다니 현대적 시각에서 충분히 격세지감을 느끼게 하는 불합리한 내용이다.

전통사회에서는 며느리가 시부모를 구타하거나 시부모에게 욕을 했을 경우 간통죄보다 무겁게 처벌받았다. '칠거지악(七去之惡)'이라는 일곱 가지 이혼 조건의 첫째가 시부모에게 순종하지 않는 것이요, 칠거지악에도 불구하고 이혼을 막았던 '삼불거(三不去)'의 첫 번째 조건이 '부모의 삼년상을 함께 치렀을 경우'였음을 볼 때 효도를 얼마나 중시했는지 쉽게 알 수 있다. 그토록 강조해온 '여필종부'로서의 아내 역할보다 자식으로서의 효도를 더 중요하게 여겼던 역사적 사실을 외면할 수 없다. 부부 중심으로 사는 핵가족화된 오늘날의 인식으로는 절대적 효관념 앞에 거부감을 느끼게 되는 것이 당연하다.

조선조 성종이 부인 윤씨를 궁중에서 내쫓고 사약을 내리기에 이르렀던 것도 어머니 인수대비의 걱정을 덜어드리려는 아들의 도리 때문이기도 했을 것이다. 성종이 윤씨의 폐위를 결정했을 때 신하들이 잘 따르지 않자 성종은 다음과 같이 말했다. "대비께서 하교하기를, '내가 항상 화가 주상의 몸에 미칠까 두려워하였는데, 이제 이와 같이 되었으니 나의 마음이 편안하다' 했으니, 자식 된 자가 부모로 하여금 그 마음을 편안하게 하는 것이 또한 옳지 않겠는가." 어머니 인수대비를 따르고 존중하는 아들 성종의 효성스러움이 모든 가치를 덮어버리고 있는 역사적 증거이다.

조선은 특별히 국가 통치를 원활히 하기 위해 가족제도에 관심을 쓰지 않을 수 없었다. 가정과 사회가 완전히 분화되지 않은 상태에서 국가 형태가 조직 운영되고 있었기 때문이다. 가정의 문제는 곧 국가와 사회의 문제로 점화 인식되기 일쑤였다. 이와 관련 조선 사회는 대가족적 질서를 유지하고 안정을 유도하기 위한 방편으로서 형제간의 우애와 친척간의 화목을 내세우게 되었다. 인수대비도『내훈』에서 다음과 같이 말하고 있다.

노나라의 의로운 고모가 교외에 살고 있었다. 제나라가 노나라를 공격하여 성 밖에 이르렀거늘 한 어린아이는 안고 한 어린아이는 손 잡고 걸어가다가 군인이 바짝 뒤따라오므로 그 안았던 아이를 버리고 잡았던 아이를 안고서 산으로 도주를 했다.…… 제나라 장군이 붙잡아다가 물으니 대답하기를, "안고 있던 아이는 내 형의 자식이며 버린 아이는 바로 내 자식이니…… 이미 내 자식은 사사로이 사랑할 수도 있으나 형의 자식은 공적인 의로움으로써 해야 하니, 공적인 의로움은 배반하고 사사로운 사랑만을 행하여, 형의 자식은 잃어버리고 내 자식만을 살려두어 행여 죽음을 면한다 한들 어찌 의롭다 할 수 있으리오." (권3 제6 돈목장)

집안의 형제간에는 의롭지 않은 자가 없지마는 모두 아내를 얻어 집으로 들여오고 다른 성씨가 같이 모여 살면서부터 길고 짧음을 다투게 되고 마치 물에 젖듯 헐뜯는 말이 서서히 들리게 된다. (권3 제6 돈목장)

두 인용문에서 형제의 관계를 '의리'로써 해석하는 점이 눈에 띈다. 의리는 가정에서나 사회에서 모두 통용될 수 있으며 그 의미의 본질은 하나라고 할 수 있다. 사사로운 감정이나 욕심에 얽매이게 되면 형제간의 우애마저 어긋나기 마련이다. 아무리 가까운 사이라도 관계가 지속적으로 원만하고 평화롭기 위해서는 이기적인 마음을 억제하고 공정한 의리를 앞세워야 함은 당연하다. 국가 사회적인 기강과 가족 내에서의 질서의 근간이 다르지 않음을 인식하며, 모든 인간관계의 핵심을 유교적 덕목의 '의리'로 귀결하는 인수대비의 거시적 관점이 예리하다.

물론 두 번째 인용문의 경우, 유교의 종법 이론에 따라 여성에게 부과되는 질곡의 측면이 엿보이기도 한다. 그러나 달리 보면 여성의 역할이나 능력을 반증하는 실례로 여겨지기도 한다.『내훈』(혼례장)에서 "며느리에 의해 한 집안의 성쇠가 비롯된다."고 말하는 것도 예외가 아니다. 집안의 화목은 며느리의 처신에 달려 있다는 것인데, 요즘도 며느리든 사위든 한 집안에 새로운 사람이 들어옴으로써 그 후의 분위기에 상당한 변화가 일어난다는 점에서 의미하는 바가 크다.

조선 사회에서 가장 소중히 여기는 정신적 가치는 유교의 도를 지키는 것이며, 궁극적인 도를 현실사회에서 구현하는 것이 지식인들의 최상의 목표였다. 그러므로 일상생활에서 요구되는 예의로서 무엇보다 먼저 '경'을 논하게 되었던 것이다. 인수대비도 "현자는 사람을 대할 때 친하면서도 공경하고 두려워하면서도 사랑한다."(『내훈』 언행장)고 말한 바 있다. 인간이 마땅히 지켜야 할 이 유교적 도리는 이기적이고 저속한 내면을 억제하고 정화하는 데서 가능했다. 그럼으로써 학문의 영역에서나 생활 현장에서 모두가 이성적 판단과 합리적 노력으로 인간의 선한 본성을 회복할 수 있다고 생각했다. 마침내 '극기복례위인(克己復禮爲仁)'이라는, 욕심의 극복을 통해 예를 회복하는 것이 유교의 근본사상인 인의에 접근하는 길임을 공감하게 되었다. 곧 사리사욕을 배제하고 공공성과 공익성을 지향하는 선공후사의 공동체 정신이 바로 한국인의 소망이요 자질이었다.

인수대비는 비록 봉건적 시대와 왕실이라는 공간이 지닌 한계를 넘어서지는 못했지만 철저하게 유교 사회의 질서를 숭상하고 예의를 실천하고자 노력했던 점에서는 오히려 진보적 지식인이었다고 할 수 있다.

10
현모양처로서의 의무를 다해야 한다

전통 여성교육에는 자아 성취를 위한 지적인 측면을 소홀히 했던 한계는 있으나 인격 함양은 물론 실생활에 필요한 교육적 내용이 많이 들어 있다. 무엇보다 여성들이 받은 교육내용 가운데 자녀교육의 책임자로서 역할을 다해야 한다고 강조된 점은 현대인들에게도 커다란 교훈이 된다. 『내훈』에서는 자녀가 올바른 사람이 되고 못 되는 것이 진실로 어머니에게 달렸다고 했다. 오늘날 자녀들의 대학입시에서도 취업주부보다 전업주부들의 경쟁력이 단연 높다는 통계도 예사롭지 않다. 물론 공교육이 제 기능을 다 해야 하지만, 요즘같이 공교육이 붕괴돼가는 상황에서는 더욱 교육의 책임이 어머니에게 전가되는 것 같아 안타깝기도 하다. 어쨌든 자식을 낳아 올바르게 가르치는 데

최선을 다하지 않고 소홀히 하거나 방치하기까지 하는 무책임한 행위야말로 지탄받아 마땅하다.

인수대비는 『내훈』에서 산모의 성품과 언행이 태아의 성장 발달은 물론 출생 이후의 성격 형성에도 커다란 영향을 미친다고 말하고 있다. 포악한 손자 연산군의 구타에 의해 죽임을 당한 인수대비가 이런 점들을 예견하고 『내훈』을 썼던 것은 아닐까. 임신 중이던 폐비 윤씨가 성종이 아끼던 후궁들을 질투하고 독살하려던 마음이 뱃속의 아들 연산군에게 어떤 영향을 주었을까는 쉽게 상상할 수 있다. 현대 유전학에서도 부모가 가지고 있는 유전 정보가 자녀들에게 그대로 유전된다는 것이 정설이다.

인수대비는 이상국가로 불리는 주나라의 창업 기반을 닦은 문왕의 어머니인 태임을 본받고자 했다. 『내훈』(모의장)에서 "임신을 하자 눈으로는 나쁜 색을 보지 않으며 귀로는 음란한 소리를 듣지 않으며 입으로는 오만한 말을 하지 않았기 때문에 태임이 문왕을 낳자 그가 태어나면서 지혜롭고 훌륭하였다."고 했다. 위대한 문왕 탄생의 원천적 힘이 어머니의 태교에 있음을 밝힌 것이다. 인수대비는 이어서 출생 자녀의 정신과 육체를 위한 태교의 방법에 대해서 『소학』이나 『열녀전』 등을 인용하여 좀 더 소상히 서술하고 있다.

부인이 임신을 하면 옆으로 누워 자지 않으며, 앉을 때는 모서리에 앉지 않으며, 설 때도 한 발에만 의지하지 않으며, 맛이 이상한 음식을 먹지 않으며, 모양이 반듯하지 않은 음식은 먹지 않으며, 자리가 바르지 않으면 앉지도 않는다. 눈으로 사악한 빛을 보지 않으며 귀로 음란한 소리를 듣지 말아야 한다. ……이렇게 하고 자녀를 낳으면 그 아이는 모습이 단정하고 재주와 덕이 반드시 남보다 뛰어날 것이다. (권3 제5 모의장)

태교 관련 전문서인『태교신기』에서는 출산 후 10년의 교육보다 어머니 뱃속에서의 10개월의 교육이 더 중요하다고 말하고 있고, 태교의 가치를 극대화하기 위해서는 부모가 함께 노력해야 한다고 했다. 그러나『시경』의 "아버지는 나를 낳으시고 어머니는 나를 기르시다(父兮生我 母兮育我)."라든가『사자소학』의 "아버지는 내 몸을 낳게 하시고 어머니는 내 몸을 기르셨도다(生我身 母鞠我身)."라는 말에 주목할 필요가 있다. 우리의「홍길동전」,「훈민가」등 대부분의 문헌을 보더라도 '부생모육(父生母育)' 또는 '아버지 날 낳으시고 어머니 날 기르시니'라 하였고, 고려가요「사모곡」에서는 '아버지도 어버이지마는 어머니 같이 사랑할 수는 없다'고 했다. 이처럼 전통적으로 자녀에 대한 어머니의 사랑과 책임이 부각되어왔다. 그러므로 자녀교육을 위해 어머니가 임신했을 때부터 보고 듣는 감각은 물론 마음, 언어, 행동, 식사 등 모든 면에서 조심하는 것은 당연한 일이었다.

무엇보다 인수대비는 『내훈』(모의장)에서 『방씨녀교』를 인용하여 자식교육에 대해 말하기를 "사랑함을 근원으로 할지니라. 사랑함은 있는데 가르침이 없다면 자라서 어질지 못하나니, ······아이가 허물이 있음은 다 어미의 교육 탓이다."라고 했다. 자식에 대한 진정한 사랑과 책임이 엄격한 교육을 통해 이루어짐을 피력한 것이다. 앞에서도 나왔듯이 『내훈』 발문에 쓰인 인수대비 한씨의 성품에 대한 지적에서도 그 점을 확인할 수 있다.

> 인수대비는 타고난 자질이 엄격하면서 반듯하였다. 자식들을 가르칠 때에도 조금이라도 허물과 실수가 있으면 전혀 감싸주거나 봐주지 않고 바로 정색을 하고 꾸짖어 바로잡았다.

자질이 엄정했던 인수대비 한씨의 모습은 항상 윤리와 지식을 강조하면서 예법에 맞는 절도 있는 행동을 보였던 친정어머니의 가르침의 영향이요 그 어머니를 그대로 닮았다고 할 것이다. 인수대비는 근원적으로는 주희가 주장한 '하늘의 이치를 지키고 인간의 욕심을 없애야 한다'는 '존천리 멸인욕(存天理 滅人慾)'의 성리학적 명제를 충실히 수용하고 실천했던 여성이라 해야 옳을 것이다.

또한 인수대비는『내훈』에서 '맹모삼천'의 가르침을 본보기로 유년기 교육적 환경의 중요성을 드러내기도 했다. 가정의 분위기와 어머니의 역할이 아이의 습관이나 인격 형성에 지대한 영향을 준다는 점을 주의 깊게 통찰한 것이다. 인수대비는 자녀 교육과 관련하여, 여자아이도 어릴 때부터 덕성 함양을 위한 지적인 교육, 즉 학문이 필요하므로 남자 못지않게 가르칠 것을 권장했다. 그러나 다음에서 알 수 있듯이 가무와 시가 교육에 대해 부정적 견해를 보임으로써 인간의 자유스러운 정서를 솔직하게 표현하고 마음의 여유를 찾는 통로를 막았던 점은 유감이 아닐 수 없다.

> 7세에는 효경과 논어를 읽고, 9세에는 논어, 효경 및 여계 따위의 글을 강론하여 큰 뜻을 깨닫게 하였는데, 요즘 사람들이 여자를 가르치는데 시가를 짓게 하고 세속적인 음악을 즐기도록 하는 것은 마땅치 못하다. (권3 제5 모의장)

이상과 같이 자녀교육을 위한 여성의 막중한 책무를 주장하는 인수대비의 입장은 독실하였다. 통치자의 덕이 백성들의 꿈을 실현 가능케 하듯이 부모의 덕망이 자녀의 미래를 이끄는 요체라고 인식하는 측면이 특히 그러하다. 다만 그녀의 교육관이 너무 이성에 기반한 합리성을 요구하지는 않았는가 의문을 갖게 된다. 그리고 왕권의 절대화와 국가의 기강 확립을 위해 불가피했다고도 하나 며느리 윤씨를 죽이는 행동을 가혹하게 바라보지 않을 수 없을 것이다.

부부 관계에 있어서 아내는 아래와 같이 남편을 지존으로 대우해야 했다. 여기서 인수대비가 주장하는 교육적 내용이 역사적 한계를 넘어서지 못하고 있음을 확인하게 된다. 개인의 행복과 자아의 존엄이 결코 홀대받을 수 없는 오늘의 교육목적에 비추어 너무나 완고하고 미흡한 견해였음을 알 수 있다. 다만 이러한 교육적 내용이 오히려 엄격한 인륜과 국가적 권위에 순응하길 바라는 그녀의 공동체적 질서와 정치적 사유에 부합하는 결과로 설명될 수 있을 것이다. 더구나 부부관계를 언급하면서도 다른 교육서들에서 가장 많이 언급되는 여성 억압적 정절에 관한 내용이 없다는 것은 인수대비의 개방적인 면을 대변한다고 본다.

> 아내가 비록 남편과 대등하다고는 하지만 남편은 아내의 하늘이다. 예로써 마땅히 공경하고 섬기되 그 아버지를 대하듯 할 것이다. ……남편이란 자리는 당연히 존귀하고 아내는 낮은 것이다. (권2 제4 부부장)

조선시대 여성들이 가장 많이 읽은 책 중의 하나는 중국의 『열녀전』이며, 이어 인수대비의『내훈』이었다. 인수대비는『내훈』곳곳에서 부부 사이를 하늘과 땅으로 말하고 있다. 분명히 그녀에게도 남존여비의 사상이 있었다. 그러나 여자도 인격이 있고 사회를 위해 일을 해야 한다는 생각을 가졌던 점에서는 진보적이었다고 할 수 있다.

한편 인수대비가 다음과 같이 부부가 서로 존중과 예절을 통해 화목하게 살아갈 것을 주장하고 있는 점은 시대적 한계를 머금은 채 긍정적으로 수용할 만하며, 그녀가 지향했던 정치적 사유로 볼 때 이런 상호 화합을 위한 노력은 더욱 의미 있게 다룰 수도 있다.

부부가 사이좋게 지내어 죽을 때까지 한 방에 같이 생활하다 보면 서로 간에 만만하게 여기는 마음이 생긴다. 그러면 말이 지나치게 되고 말이 지나치면 태도가 방자해진다. 태도가 방자하면 남편을 무시하는 마음이 생긴다. (권2 제4 부부장)

조선시대 부부가 자유로운 사랑과 평등한 인간관계를 토대로 결합된 것은 아니었다. 그러나 가부장제를 전제로 한 공고한 가족제도와 이혼을 금기시하던 시대적 제약 속에서 부부가 함께 해로하기 위해서는 은혜와 의리로서 예절을 다해야 했다.

일찍이 불교에서 쌍무적 도덕으로 부부간에 서로 존중하고 예절을 지킬 것을 요구했고 유교에서도 부부 관계의 우선적 가치로 존중과 예절을 제시했던 것과 무관하지 않다. 고려시대 광주에 사는 대광 박윤문과 그의 아내 해양군대부인 김씨는 평소에도 서로 손님처럼 공경하였다. 남편 박씨도 예를 좋아하는 군자였다고 하며 부인도 천성이 정숙하고 교만하지 않았다고 한다.

"정 각각 흉 각각"이라는 속담이 있는 것도 부부간의 절제와 예법이 요구되는 역사 문화적 환경 때문이라 하겠다.『내훈』(부부장)에서 "남편이 어질지 못하면 아내를 거느리지 못하고 아내가 어질지 못하면 남편을 섬기지 못한다."는 것도 비록 불평등한 관계 속에서나마 부부는 서로 존중하고 이해하는 관계가 되어야 하며 서로가 자신의 본분과 역할을 다하기 위해 노력해야 함을 강조했다는 점에서는 의의가 있다.『내훈』(혼례장)에서는 "부부의 의가 있어 좋은 다음에야 아버지와 아들의 친함이 있다."고 말하는 것도 자녀교육 이전에 부부간의 신의와 예절이 얼마나 중요한가를 암시하며 부부 관계의 중요성을 부각시키는 예라 할 수 있다.

에필로그

조선의 인수대비를 말하면서 "남편이 일찍 죽어 쫓겨나고 자식에 의지해 살다가 손자에게 보복을 당해 죽었으니 참으로 주체적인 삶을 살지 못하고 남자한테 속박되어 산 조선의 여인"이라는 식으로 정리하는 것을 들을 수 있다. 해석과 평가는 자유지만 너무나 부정적일 뿐만 아니라 실상을 비껴가는 결론이라는 생각이 든다. 세조, 예종, 성종, 연산군 4대에 걸쳐 권력의 중심에 있던 인물이 최후를 비참하게 마쳤으니 비극의 주인공이라고도 할 수 있지만 그녀의 전 생애를 놓고 보면 그렇지만은 않다. 물론 인수대비에 대해 권력욕이 강한 여인이라는 식으로 부정적 평가를 내릴 수도 있다. 그러나 여성교육의 선구자라든가, 정치력이 뛰어난 여성 지도자 등 적극적 또는 긍정적으로 그녀를 정의할 수 있을 것이다. 그리고 적어도 그녀에게서 주체성 결여를 운운하는 것은 설득력이 없다. 결국 쉽게 단정 지을 수 없는 다양한 해석과 평가 속에서 보다 실체적 진실에 가까워진다는 사실에 안도해본다.

그러한 어려움에도 불구하고 인수대비는 한마디로 말하자면 세상과 맞서 살았던 위대한 인물이었다고 할 만하다. 그녀는 결코 잘 닦인 비단길을 가려 하지 않았다. 스스로 험하고 고된 가시밭길을 선택했다. 아무리 역경이 닥치더라도 피하지 않았다. 그곳에서 희망을 건져 올렸다. 용기가 있었고 능력이 따랐다. 물론 가문이 튼튼하게 받쳐주기도 했고 자긍심도 있었다. 그러나 극복하기 어려운 상황에 직면하게 될 때 오히려 좋은 집안, 타고난 자질, 뛰어난 능력 등 이미 가진 것들이 사람을 더 힘들게 하고 좌절하게 할 수도 있다. 하지만 그녀는 남과 달랐다. 자신의 기질과 소신을 버리지 않고 과감히 어려움을 돌파해나갔다. 조선 초기의 여성이면서도 마치 오늘날의 선도적인 여성처럼 너무나 주체적이고 의지적인 모습으로 우리에게 또렷하게 다가온다.

그렇다. 인수대비는 조선 최고의 명문가 출신으로 아버지 한확만 하더라도 중국 황제로부터 인정받고 조선 국왕과 맞먹는 위치에 있었다. 그러나 그런 아버지가 죽었을 때도 일찍이 어머니가 죽었을 때와 마찬가지로 말할 수 없이 슬펐으나 그녀는 그 이상 흔들리지는 않았다. 공자가 말한 애이불상(哀而不傷)대로 슬프나 빨리 잊는 것이 현명했다. 그리고 부모는 부모고 자신은 자신일 뿐이다. 출가 이후 시부모에게 최선을 다해 효도를 하였고 자식들을 한 치의 어긋남도 없이 올바르게 가르치고자 했다. 그러기에 그녀는 시부모로부터 포악한 며느리라는 뜻의 '폭빈' 소리까지 들어야 했다. 가혹하리만큼 자신이 처한 상황을 직시하고 자기가 해야 할 일을 묵묵히 해냈다. 가치가 있다고 판단되고, 목표가 정해지면 투철한 의지로 성취하는 곧은 성품의 반듯한 스타일이다.

특히 그녀에게는 타고난 정치적 관심과 능력이 있었다. 왕이 될 수 없는 처지의 시아버지를 왕위에 올리는 데 친정아버지와 함께 도왔다. 시아버지가 왕의 자리에 있는 한 남편은 다음 보위에 오를 수 있다는 희망도 가졌으나 뜻대로 되지 않았다. 남편 의경세자가 일찍 죽는 바람에 남편의 자리는 시동생(예종)이 차지했다. 세 아이가 딸린 채 궁궐에서 쫓겨나오는 스물한 살의 청상과부에게 참담함이 에워쌌다. 그러나 희망을 잃으면 죽는다는 일념으로 그 순간에도 정신줄을 놓지 않았다. 인수대비는『내훈』이라는 여성 전문 교육서를 썼던 장본인이요, 여성 교육 가운데 가장 중요한 내용의 하나가 어머니는 자녀교육의 책임자로서 역할을 다해야 한다는 것임을 잘 알고 있었다. 그녀는 무엇보다 어머니로서 자식들을 책임져야 했다. 아비 없는 자식 소리를 듣지 않게 하려는 부모의 자존심으로 엄하게 자녀들을 가르쳤다. 남편 없이 홀로 한 해에 세 자녀 모두 결혼도 시켰다. 그리고 이미 시동생에게 왕위를 빼앗기고 아무런 희망도 가질 수 없는 상태에서 마침내 장남(월산대군)도 아닌 둘째 아들(자을산군)을 왕(성종)으로 만드는 데 성공했다. 단지 왕의 어머니 소리 듣는 게 그녀에게 다가 아니었다. 그녀는 한 나라의 왕은 백성을 편안하게 하는 성스러운 군주가 되어야 한다고 생각했다.

그녀는 부모는 부모로서 자식은 자식으로서 역할을 다해야 하고, 군주는 군주로서 백성은 백성으로서 할 일을 다 해야 한다는 확고한 믿음이 있었다. 이른바 공자의 정명사상을 마음속으로 신봉하고 있었음에 틀림없다. 그리고 인수대비는 시조부(세종)에 의해 편찬되어 당시 가장 많이 유통되던 『삼강행실도』를 꼼꼼히 읽고 가슴에 새겼을 것이다. 임금에게 충성하고 부모에게 효도하며 남편을 공경하는 것이야말로 하늘의 뜻이었다. 그러니 왕비가 된 며느리 윤씨에게 거는 기대가 얼마나 컸을까는 짐작되고도 남는다. 왕비 책봉의 이유도 순종, 예의, 무욕 등 조선의 이념과 왕실 법도에 맞는 훌륭한 성품 때문이었다. 기대가 컸던 만큼 실망은 이루 말할 수 없었다. 폐출 사유를 실록에서 '지나친 투기'라 적고는 있으나 왕비의 자질이 될 수 있는 좋은 성품을 다 잃어버린 것이다. 불손하고 교만하며 천박한 언행을 서슴지 않는 등 부덕을 팽개쳐버린 윤씨에게는 사랑을 쟁취하려는 여염집 부녀자의 모습만 남아 있을 뿐 이미 왕실의 공적 임무를 띤 국모의 자태는 찾아볼 수 없었다. 왕비 며느리를 결국 궐 밖으로 내쫓고 급기야 사약을 내려 죽음에 이르게 하는 데는 그런 정명사상과 강상윤리의 독실함이 작용하지 않을 수 없었을 것이다.

물론 엄격함이나 이성적 판단만으로는 안 된다는 것을 우리가 모르는 바는 아니다. 며느리 윤씨를 사사시키지만 않았더라도 인수대비 자신이 복수를 당하는 망신은 없었을 것이라는 생각과 더불어 어미를 찾는 손자에게도 친할머니로서 좀더 너그럽게 대했더라면 그 같은 만행을 막을 수는 있지 않았을까 하는 아쉬움이 크게 남는다. 그러나 폐비 윤씨의 문제를 사사로운 시각으로 보아서는 안 될 것이다. 폐비 윤씨는 한 나라의 막중한 위치에 있는 왕비였고 폐주 연산군이야말로 국가와 백성을 책임져야 할 의무가 있는 왕이었다. 조선 사회가 신분등급적 한계는 있을지라도 그 사회의 질서가 평화롭게 유지되기 위해서는 각자 인간으로서 마땅히 지켜야 할 도리를 다해야 한다.

준엄한 유교국가적 이념은 누구도 비껴갈 수 없으며 왕실의 법도는 더욱 엄중할 수밖에 없다. 그러므로 폐비 윤씨나 연산군이 자행한, 정명의 책임과 강상의 도리를 저버리는 행위는 도저히 용납될 수가 없었다. 폐비의 비밀이 언젠가는 만천하에 드러날 것이고 원자가 보위에 올라 그 사실을 알게 되면 피바람이 불 것을 총명한 인수대비가 모를 리 없다. 오히려 인수대비가 자신에게 미칠 부정적 결과를 두려워하지 않고 왕비 윤씨나 연산군이 보인 반사회적 비윤리적인 요소를 척결하려 했다는 데 그녀의 원칙과 소신이 빛이 난다고 해야 할 것이다.

인수대비는 아내로서 며느리로서 어머니로서, 그리고 세자빈으로서 대비로서 자신의 역할을 다하고자 했던 주체적인 여성이다. 그녀는 여성으로서 유교 사회질서를 숭상하고 예법을 실천하고자 했던 진보적 인물이었다. 다만 왕실 여성으로서 기득권층이었던 한계를 피할 수는 없다. 그럼에도 불구하고 인수대비는 정치적 소신도 있었고 여성교육의 비전도 선포한 조선의 강직한 지식인이었다.